vive

+

libre

vive + libre

IVÁN MARTZ

AGUILAR

Vive + Libre

Primera edición: febrero, 2020

www.megustaleer.mx

ISBN: 978-607-318-875-3

Impreso en México – *Printed in Mexico*

El papel utilizado para la impresión de este libro ha sido fabricado a partir de madera procedente de bosques y plantaciones gestionadas con los más altos estándares ambientales, garantizando una explotación de los recursos sostenible con el medio ambiente y beneficiosa para las personas.

Penguin
Random House
Grupo Editorial

ÍNDICE

Agradecimientos 9
Prólogo 11
Introducción 15
¿Qué es la libertad? 19
Del pasado lo que sirve, adiós a las ataduras 39
¿Por qué dejar de preocuparse por el futuro? 59
La dicha de vivir en el presente 71
Libertad o libertinaje 89
7 retos para vivir más libre 97
Construye hábitos positivos 107
Atraes lo que eres, no lo que quieres 123
¿Cómo ser congruente entre lo que pienso, siento y hago? 139
La libertad y la felicidad 157
Sobre los chantajes emocionales 173
Modo de ser Vive + Libre 179
Decálogo Vive + Libre para empoderarte 185

Agradecimientos

Este libro es el resultado de muchas horas de trabajo y es, también, la conjunción de experiencias compartidas con personas que han marcado mi vida y han formado parte de la realización de esta obra.

Primero quiero agradecer a mi amigo, maestro y mentor, el Dr. César Lozano, quien es una luz brillante que ha iluminado mi vida y me ha impulsado a culminar la escritura de este libro. Gracias por estar siempre presente, por ser tan generoso y por enseñar con el ejemplo. Con todo mi cariño y admiración, gracias por ser parte fundamental de este proyecto.

Gracias también a mi esposa Cristina por apoyarme en este proyecto, a mis padres José y Silvia por su gran amor y soporte, a mis hermanos Silvia y Edgardo porque me motivan a crecer, cada uno a su manera, y porque me han ayudado en la realización de este libro. A mis tíos Irma y David por ser pilares en mi vida, y a mi gran amiga Claudia por aportar aliento a cualquier emprendimiento en mi vida. Todos ellos y algunos más han dado impulso a mi carrera.

Gracias también a todas las personas que han confiado en mí, a todos los que han estado en mi camino y me han ayudado a experimentar voluntaria e involuntariamente la necesidad de **Vivir + Libre**.

Un agradecimiento especial también a David García de Penguin Random House, por confiar en mí y ayudarme con la publicación de este libro.

Pero, sobre todo, gracias a ti que tienes en tus manos esta obra y que espero que a través de ella puedas aprender, entender y experimentar tu capacidad de **Vivir + Libre**. Gracias por creer y confiar en mí.

Finalmente, gracias a Dios porque me ha permitido tener la voluntad, la motivación y la inspiración para plasmar en esta obra las ideas que quiero compartir para **Vivir + Libre**.

IVÁN MARTZ

Prólogo

Así como hay quienes leen y no retienen, comen y no degustan, oyen pero no escuchan, hay quienes están pero no viven. Pasan sus días sin percibir aquello que marca la diferencia.

Vivir es vibrar, es algo más que existir, es permitirnos disfrutar de la maravillosa creación que nos rodea y de la cual formamos parte al vencer los pensamientos y actitudes limitantes que nos impiden disfrutar cada momento.

Vivir no es un estado de euforia constante, ya que también se presentan adversidades, sinsabores, decepciones y frustraciones que son parte inherente de esta maravillosa aventura llamada vida.

Estar inmerso en un mundo de cambios y de personas con mentalidades y actitudes diferentes, nos presenta todo un reto que debemos vencer para sacar al máximo las potencialidades que, por naturaleza, todos tenemos aunque no todos las aplicamos.

Vive + Libre es un concepto creado por Iván Martz, autor de este maravilloso libro que hoy tienes en tus manos y que, estoy seguro, puede cambiar favorablemente tu vida para siempre.

Vive + Libre nada tiene que ver con exagerar el concepto y tornarlo en libertinaje, que es cuando abusamos de la libertad sin tener en cuenta a los demás ni las terribles consecuencias provocadas por la falta de valores éticos y morales.

Vivir + Libre es un derecho y una responsabilidad que todos tenemos y se acompaña del respeto hacia ti y hacia los demás.

Leer este libro me ayudó a valorar más la vida y a recordar los principios básicos para soltar cargas que arrastramos desde la infancia por ciertos condicionamientos adquiridos o aprendidos.

De forma magistral, amena, inteligente y en ocasiones divertida, Iván nos invita a soltar el pasado que muchas veces nos ata y no nos permite disfrutar el maravilloso presente, que es lo único que en verdad tenemos. También nos exhorta a no condicionar nuestra felicidad a un futuro que, por lo regular, es incierto, pero no por eso debe impedirnos disfrutar el día a día.

A través de anécdotas, el autor nos invita a poner en práctica un estilo de vida libre de miedos, de limitaciones mentales y de creencias que imposibilitan la verdadera felicidad.

Tú sabes el poder que tiene la decisión, aunado al compromiso y a la repetición, por eso te invito a que apliques los siete retos que el autor te propone para quitar siete nefastos hábitos que te impiden dar lo mejor de ti. Estos retos son fáciles de aplicar si te decides y aceptas poner en movimiento tu responsabilidad y tu fuerza de voluntad. Te juro que yo acepté el reto de los siete hábitos para **Vivir + Libre** y logró su cometido: vivo más ligero y feliz.

Jorge Luis Borges escribió: "He cometido el peor de los pecados que un hombre puede cometer. No he sido feliz". Esta sentencia me invita a evitar a toda costa ese pecado imperdonable que lamentaría al final de mis días. Deseo que tú también vivas más libre, que te quites todo ese peso que cargas de manera innecesaria y el cual te impide convertirte en la mejor versión de ti.

Admiro a Iván Martz por la cantidad de personas que ha ayudado como conferencista y en sus talleres de alto impacto. Hoy te presenta esta extraordinaria propuesta para poner en movimiento su concepto de libertad para vivir con plenitud. Deseo de todo corazón que lo leas con detenimiento, ya que contiene verdadera riqueza de sabiduría para aplicarla a nuestra vida diaria. Sé que llamará tu atención desde la primera hasta la última página, por la sencillez con la que explica conceptos fundamentales del buen vivir.

Que éste sea el comienzo de un camino lleno de bendiciones para ti, y recuerda que la vida es mucho más que nuestros problemas y que vale la pena **¡Vivir + Libre!**

César Lozano
Conferencista internacional, escritor
y conductor de radio y televisión.

Introducción

Con el paso de los años debemos aprender muchas cosas: es la ley de la vida. Para eso avanzamos, para que las experiencias que vivimos nos hagan más sabios, más divertidos y sobre todo más libres, porque si no disfrutamos y vivimos con intensidad la vida en cualquiera de sus diferentes etapas, corremos el riesgo de convertirnos en personas frustradas y enojadas; yo lo he podido ver en mucha gente que se resiste a ser feliz y a tomar lo mejor de cada momento.

Siempre debemos estar preparados para, en caso de caer, volver a levantarnos. Lo dicen los grandes "la vida no es una línea recta" y ¡eso es lo divertido! Por miedo, por terquedad o por herencia seguimos atrapados en cuestiones que deberíamos superar con mayor facilidad, lo escribí entre comillas porque sé que no lo hemos logrado o por lo menos no todos. La gran masa y la manipulación social nos atrapan, nos frenan, nos aprisionan y por eso muchas personas no encuentran sentido, ni una dirección que dé alegría a sus vidas.

En general, vivimos invadidos por impactos e impulsos que nos distraen y nos mantienen atentos a las cosas externas y temporales, y esto nos hace cumplir con ciertos patrones de comportamiento y formas de ser para, en apariencia, ser aceptados y tener así un sentido de pertenencia, pero que a la vez nos alejan de nosotros mismos. Esto nos provoca ansiedad por lo que va a pasar, por el futuro, pero ¿si en realidad el futuro ya nos alcanzó? Soy testigo de que es así, lo he notado en las conferencias que doy, en los foros en los que me presento, en muchas de las personas que conozco y que me han escuchado a través de los años. Lo he visto. Nos hemos perdido en este mar de etiquetas y sucesos que nos controlan. También pienso en cómo el pasado nos afecta, en lo que arrastramos: creencias o decretos inconscientes de nuestros padres, abuelos y personas que han influido en nosotros sin notar esos conceptos, esos candados que usaban y que nos siguen manteniendo así... atados. Recordé las famosas creencias limitantes que no nos permiten ser más libres.

Este libro está dedicado a nuestro ser interno que anhela y reclama constantemente **¡Vive + Libre!** A lo largo de estas páginas te ayudaré a trabajar y simplificar los procesos mentales y emocionales que necesitas rediseñar para liberarte del pasado, de la ansiedad que provoca querer controlar el futuro, de la constante búsqueda de aprobación de los demás y de algunas otras ataduras. Indagaremos juntos en qué es lo que necesitas moldear para liberarte mental y emocionalmente.

Sin darnos cuenta afectamos nuestra vida, trabajo, familia y amigos, entonces, ¿cómo podemos criticar a los demás si ni siquiera nos conocemos a nosotros mismos? ¿Hasta cuándo podrás vivir con tus propias decisiones y responsabilidades? ¿Hasta cuándo disfrutarás tus logros?

¿Por qué te has vuelto tan inflexible? ¿Qué tanto te aceptas y te conoces? Éstas son algunas de las preguntas que resolveremos en este libro, en los ejercicios y en las parábolas que leerás.

La verdad no quiero que éste sea un "simple libro", uno que se olvide en algún rincón. Mi anhelo más grande es moverte, despertarte, sacarte de esa lentitud y desconexión en la que muchos solemos vivir. Digo "solemos" porque yo también he pasado por esa puerta, yo también he estado en ese mar de ideas que traté de descifrar, de controlar, de explorar y del que pocas veces conseguí algo. Reconozco que en muchas ocasiones yo mismo me he negado a **Vivir + Libre** por conformidad, por querer tener todo bajo control. Dependía de elementos externos, de ideas ajenas, ya fueran de mi familia o de una empresa y sus políticas o del medio profesional en el que me desenvuelvo, y lo acepto con honestidad, en esos momentos ¡no controlaba nada!

Te invito a que leas todos los capítulos. Los puedes leer de manera secuencial o de forma independiente. Te invito a que compartas este conocimiento, lo cuestiones, lo pongas a prueba y lo comentes. Ten la certeza de que cada párrafo fue pensado y analizado a profundidad para que puedas hacer cambios importantes y sustanciales, y de esta manera puedas **Vivir + Libre.**

Serás el mejor aprendiz de ti mismo, serás tu propio maestro, serás todo lo que mereces ser.

Gracias a todo lo que ha hecho posible esta obra, especialmente a mis carencias, mis ansiedades y preocupaciones, a mis desvelos y a los momentos de incertidumbre, a los cuales hoy, con responsabilidad, debo agradecer. Sé que nadie se toma el tiempo de darles las gracias, pues siempre agradecemos las cosas buenas que nos sucedieron, a los maestros que tuvimos de nuestro lado, sin embargo, soy consciente de que gracias a las llamadas "experiencias negativas" soy la persona que soy, el guerrero que se levanta, el hombre que aprende de sí mismo y que, finalmente, puede decir "lo logré, ahora **Vivo + Libre**".

Sinceramente,
Iván Martz

¿Qué es la libertad?

Por alguna razón nos hemos acostumbrado, ya sea por cultura o por educación, incluso me atrevo a decir que por tradición, a que hay que sufrir para obtener algo. Lamentablemente, nos han enseñado que hay que "fregarse", que "hay que darle para adelante", que "el que no sufre no crece", según me aseguraron. La verdad es que en algún momento ¡me lo creí todo!

Hace tiempo me di cuenta que era un error, que había mal interpretado todo. El limitado criterio como adolescentes no nos daba para entender y cuestionar, por su parte, los adultos no posibilitaban espacios para intercambiar ideas y nos tachaban de rebeldes, "tú no entiendes", "así lo hemos hecho por años", "así no vas a llegar a ningún lado". Entonces aprendimos a vivir incompletos, terminamos rodeados de gente insatisfecha, sin rumbo claro, dando tumbos, y eso es lo que hicimos con nuestras vidas, porque nos fueron impuestas esas enseñanzas. Muchos años las acepté, estaba inmerso en ese condicionante, *sintiendo y pensando que si no hay sufrimiento, no hay vida o no podía obtener las cosas que quería.* Después de este descubrimiento, comencé a cambiar mis pensamientos, éstos afectaron mis emociones y a su vez a mis acciones y a mi forma de vivir. No fue sencillo hacerlo. Cuando dudaba, me repetía constantemente: "tomaste la decisión de cambiar la perspectiva de las cosas, puede resultar doloroso, entiende que lo que Dios quiere para ti es la felicidad y no el sufrimiento, y lo que desea para todo ser humano es el gozo y la libertad de ser quien es", y en esos momentos regresaba a mi estado positivo. Sólo así cambiaremos nuestra perspectiva de las cosas y podremos comprobar por cuenta propia que sí es posible, que sí podemos vivir con energía, más alegres, satisfechos, en paz, con el compromiso de sentirnos más libres, de disfrutar lo que hemos hecho bien, lo que sí tenemos, aprender de cada experiencia de vida y construir el futuro desde la vivencia del presente.

La pregunta obligada para ti es:
¿Cómo puedes hacer esto?

Te compartiré cómo lo hice yo. ¡Tomando decisiones! Pero lo más importante es que las bases realmente en lo que tú quieres experimentar. Pregúntate todos los días lo siguiente (puedes escribir tus respuestas aquí mismo o en una hoja aparte):

¿Cómo te quieres sentir al final de tu existencia?

* ¿Qué estarías dispuesto a hacer toda tu vida incluso si no te pagaran?
* ¿Qué huella te gustaría dejar en el mundo?
* ¿Qué cambios quieres hacer en tu vida?

Te voy a pedir que elijas un cuaderno o libreta para que sea tu "cuaderno de trabajo **Vive + Libre**" y lo utilices para contestar algunos de los ejercicios, y sobre todo para anotar tus propias reflexiones conforme leas este libro. Ahora bien, escribe tres acciones concretas y simples que comenzarás mañana mismo, como inicio de tu proceso de cambio. Para contestar este pequeño cuestionario existen ciertas reglas que te recomiendo seguir al pie de la letra.

1. No te debes dejar llevar por lo que otros esperan de ti.
2. Decide sin presiones de ningún tipo.
3. No trates de quedar bien con otros.
4. Piensa en el presente, en lo que te gusta hacer diario y que sabes que te hará bien para el resto de tu vida.

Ahora sí, escribe las tres cosas que comenzarás a hacer para cambiar:

Mi padre deseaba que yo fuera contador y experto en matemáticas, me hacía sentir muy presionado, hasta cierto punto atado a un deseo que no era mío. ¿Y qué crees?, las materias que reprobaba en la escuela eran justamente Matemáticas y Contabilidad, ¡uff, qué cosa! Así viví por años, sin poder moverme emocionalmente de ese sitio, porque las personas que te quieren, en la mayoría de los casos con la mejor intención, tratan de guiarte y decirte qué hacer con tu vida. El caso es que no siempre lo hacen de la mejor manera, y no es su culpa, porque ellos a su vez así fueron formados. Confieso que hasta hace poco tiempo, de manera inconsciente, trataba por todos los medios posibles de agradar y cubrir las expectativas que no sólo mis padres tenían de mí, sino las de muchas otras personas. Era, hasta cierto punto, lógico, pues así había vivido mi vida, así me habían educado desde niño: ***respetar, seguir, no argumentar, obedecer.***

Tratar de cumplir esas expectativas me generaba incomodidad emocional, y por muchos años me acostumbré a vivir así. ***Hasta que me invadió una gran necesidad de liberarme de todo eso*** y comencé a trabajar en mí, en autoobservarme, en entenderme, perdonarme y ser sincero conmigo.

Mi espíritu, esa famosa vocecita interior de alguna manera me acercaba a lo que me hace feliz. Pero como no era consciente me volví un experto en el autosabotaje, alejé oportunidades y generé experiencias que no me permitieron avanzar. Por muchos años basé mi felicidad en lo que quería tener y en darle satisfacciones a causas y personas ajenas. Ahora entiendo que no importa cuántas cosas tenga o pueda comprarme, ni cuánto dinero haya en mi cuenta bancaria, lo valioso es acumular experiencias en todo momento, ¡porque cada una de ellas representa crecimiento, expansión del ser y una gran sensación de libertad!

Algo dentro de mí se recompone, se reestructura y genero nuevas maneras de pensar, de sentir y de vivir.

Ahora, no esperes que al empezar a tomar decisiones todo cambie a la mañana siguiente. No, temo desilusionarte, no es así de simple. Debes mantener el impulso, tomar acciones por el resto de tus días, y administrar correctamente la energía que se tiene con las primeras decisiones. Te doy un ejemplo, ¿sabes cuándo se inscribe la gente al gimnasio? ¿Cuándo las personas prometen dejar de fumar? ¿Cuándo se ponen a dieta? Entre noviembre, diciembre y enero, generalmente. ¿Sabes cuántas personas cumplen esos propósitos? Sólo dos de cada diez, los demás se quedan con las buenas intenciones, y al final no pasa nada. Bueno, en realidad sí pasa, pierden credibilidad ante sí mismos y eso debilita su personalidad y autoestima, además de perder el dinero de las mensualidades o inscripción al gimnasio.

LIBERTAD

La libertad es un concepto complejo y simple a la vez. La libertad es algo que nos pertenece, que nos es propio desde que nacemos. Tenemos la fortuna de vivir en un país libre, donde cada individuo puede salir a la calle, correr, respirar, hablar y gritar; es como si fuese un código que ya lleváramos programado dentro de nosotros. La libertad se basa en la capacidad de elegir cómo viviremos las cosas que nos toca experimentar, de *tener la capacidad de ser los constructores de nuestra realidad,* y de transformarnos y crear realidades que nos den alegría. La libertad está dentro de nosotros, y no es como nos han dicho, que depende de lo que vivamos.

Me viene a la mente la experiencia de Nelson Mandela, quien fue encarcelado injustamente durante 27 años. Pocos años después de salir de la cárcel fue presidente de Sudáfrica, abolió la discriminación racial y bien se puede decir que liberó el espíritu de su pueblo. A pesar de haber vivido en una celda pequeñísima y en condiciones inhumanas, su espíritu e idealismo nunca fueron apresados. Fue su *libertad interior* la que lo llevó a mantenerse con la frente en alto y fiel a sus creencias e ideales. Entonces, ¿por qué hay momentos en los que ante pequeños tropiezos o alguna circunstancia adversa nos dejamos caer con tanta facilidad? Porque no hemos aceptado lo que somos.

Debemos adoptar la visión expresada en el gran poema "Invictus", de William Ernest Henley: *Soy el amo de mi destino / soy el capitán de mi alma.* Este pequeño fragmento me resuena hasta los huesos, me conmueve tanto que es un resorte que me impulsa hacia arriba, me llama a hacerme responsable de mi vida, de mi realidad.

Ojo, es muy importante entender que hay cosas que no dependen de nosotros, que no podemos cambiar, pero sí podemos decidir cómo vivirlas y desarrollar el poder de transformarnos y de elegir con libertad lo que queremos y lo que somos. Muchas veces limitamos nuestra libertad por una serie de ideas, entornos culturales, condicionamientos y creencias que aceptamos como buenos y normales porque nos han sido impuestos y transmitidos por generaciones. Pero ¿cómo experimentar la libertad en medio de tanto bombardeo de lo que debe ser? ¿De tanta necesidad de aceptación?

Se trata de un proceso en el que lo primero es aceptar la propia incomodidad de intentar complacer en todo a los demás, de demostrar lo que somos incluso sin saberlo nosotros. ***La aceptación es uno de los principios de la libertad***, te invito a que aprendas de manera consciente a reconocer y aceptar lo siguiente:

* Lo que eres.
* Lo que sientes.
* Lo que quieres.
* Lo que te frena.
* Lo que te hace sentir feliz.

Libertad es tener la capacidad de actuar y vivir según el siguiente esquema, al cual he decidido llamar "el pentágono de la libertad personal".

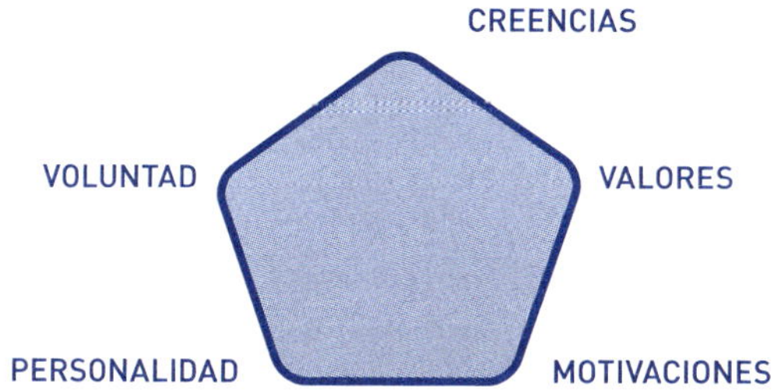

Debemos ser conscientes de qué tan claros tenemos cada uno de los aspectos del pentágono, y como diría el gran Cantinflas, "ahí está el detalle". En los siguientes capítulos hablaremos de manera más profunda de estos cinco puntos que son de lo más importante para experimentar una **Vida + Libre**.

Si puedes trabajar en definir con claridad estos aspectos, te aseguro que comenzarás a sentirte más dueño de tu vida.

INSPIRACIÓN

¿Cómo es que algunas personas logran en poco tiempo tantas cosas? Porque siguieron las reglas que comento después del cuestionario. Debemos entender que la vida se trata de una carrera de retos y resistencia, no de velocidad. Parece algo sencillo, pero este concepto tiene bastante profundidad, y llevarlo a la práctica suele resultarnos muy complicado. Conste que no digo que sea difícil o imposible, es sólo que casi nunca buscamos movernos de la famosa zona de confort, por eso debemos tener más claro hacia dónde vamos y cómo alcanzaremos aquello que queremos.

Recordemos que las limitaciones son mentales, las construimos con el paso de los años por experiencias negativas propias o ajenas. Somos muy rápidos para creer en lo que nos dicen los demás, sobre todo si se trata de sentencias negativas. Por el contrario, modificar nuestras creencias para bien nos resulta complicado; he preguntado a muchas personas ¿qué es lo que los limita para lograr sus metas? ¿Por qué a veces sabotean las cosas buenas que les empiezan a suceder? ¿Qué o quiénes los hizo renunciar a sus sueños? ¡La gente me ha contestado cosas increíbles!, quizá válidas para ellos, pero para alguien mental y emocionalmente libre, no. Te comparto algunas de esas respuestas:

* No he tenido tiempo.
* No tengo dinero para eso.
* Eso no es para mí.
* Ni modo, así soy.
* Dios no lo quiso.
* Así me enseñaron.
* Hay que ir a la segura.
* Qué van a pensar de mí.
* Ya llegará el momento.
* He tenido mala suerte.
* Hay que hacer lo que se puede, no lo que se quiere.
* Me traicionaron.

En fin, he escuchado una serie de respuestas increíbles que yo también pensé y viví durante mucho tiempo. Con esto me di cuenta de nuevo que vivimos a través de condicionamientos aprendidos que lo único que hacen es debilitarnos física y mentalmente. En gran medida esto es parte de la cultura, la sociedad y la educación en la que cohabitamos con millones de personas que pasan por experiencias similares. Pero ¿sabes qué?, pude darme cuenta a tiempo de que si nos hacemos responsables y aprendemos a percibir de que nosotros somos los constructores de nuestra realidad, entonces *tenemos la oportunidad de despertar el poder que llevamos dentro,* ése que tiene la capacidad de cambiar nuestros pensamientos, emociones y acciones, y nos posibilita para caminar con libertad hacia el cumplimiento de aquello que nos propongamos.

Destruyamos las barreras que han generado nuestras propias limitaciones.

Al final de nuestros días, cuando miremos atrás, ¿qué es lo que veremos? El resultado de nuestras decisiones, pero recuerda lo siguiente: "hasta no decidir es una decisión". Lo más seguro es que el tiempo te haya demostrado que esas barreras y limitaciones resultaron ser sólo excusas y miedos.

Hace tiempo supe del caso de dos trabajadores de una empresa. Uno de ellos era dueño de un vehículo, el otro, no. A ambos les dieron una beca de estudios, el problema era que la distancia era un contratiempo para el que no tenía auto, mientras que su compañero vivía más o menos cerca del lugar donde estudiarían. La empresa les asignó un presupuesto limitado para transporte, la inversión que hizo en ellos era fuerte. ¿Cuál de los dos empleados crees que pudo terminar el curso con excelencia, sin ninguna falta, ni siquiera un retraso? Si pensaste en el que no tenía auto, ¡acertaste! Él, a diferencia de su compañero, sí supo valorar lo que la empresa le ofreció. Este empleado salía de madrugada de su casa y tomaba tres camiones para llegar a tiempo. Sacrificó algunas comidas y gastos porque su presupuesto era corto, además, estaba pagando su casa y tuvo que reorganizar su agenda con algunos compromisos que ya tenía, *hizo todo para lograr su objetivo.* El otro joven faltó varias veces, se excusó con el director de la institución arguyendo que su auto tenía fallas, aparte de que no le alcanzaba el tiempo para otras actividades que él consideraba también muy importantes, en fin, ya sabes, *se llenó de pretextos.*

Quiero que, por favor, te preguntes ¿cuánto valoras lo que tienes? ¿Estás completamente dispuesto a esforzarte por aquello que quieres?

Responde las siguientes preguntas:

¿Qué es lo que más valoras y por qué?

¿Qué estarías dispuesto a hacer para conseguir algo que deseas mucho?

¿Has escuchado a alguien quejarse de la gente rica? ¡Sucede en todos lados! Se habla pestes del pariente que tiene recursos, del que hizo su negocio, del que logró su sueño. ¿Qué será eso... envidia, miedo, excusas, pretextos? Lo que he observado es que muchos empresarios empezaron de cero, sin recursos, sin fortunas, hicieron grandes esfuerzos y se reinventaron una y mil veces. Los fundadores de McDonald's, KFC, Disney, Amazon, Apple, Google y Microsoft tienen historias impresionantes de superación. Te recomiendo estudiar cada una de ellas.

Algo común en todas estas personas es que fueron perseverantes, supieron mantener la claridad de su visión, de lo que querían. Después sumaron una misión simple, no estuvieron nunca atados a la opinión de los demás y sobre todo se mantuvieron libres para intentar, equivocarse y experimentar cuántas veces fueran necesarias. No se aferraron al resultado en sí, sino más bien *lo que querían era experimentar su propio poder de realización.*

El día que se inauguró Space Mountain en los parques de Disney en 1975, Walt Disney ya había muerto. Alguien le comentó a la esposa de Walt que era una lástima que el señor Disney no hubiera podido ver eso realizado. Ella contestó que esa apreciación era una equivocación, ya que los que no lo habían visto eran ellos, que ese día lo observaban por primera vez. Walt ya lo había visto mucho antes que todos ellos, cuando lo creó en su mente.

Te hago la misma pregunta que me he hecho a mí muchas veces: ¿ya viste con claridad aquello que quieres lograr y cómo quieres vivir tu vida?

La imaginación y el deseo ardiente son el principio de cualquier creación.

Una vez un maestro de vida me preguntó si sabía lo que era un prejuicio.

—Cuando juzgamos de antemano, sin conocer algo o a alguien —comenté.

—Así es, es triste y a la vez complicado saber que estamos llenos de prejuicios y de dolor. La humanidad se ha ido llenando de ellos —me contestó antes de retirarse por el pasillo, con la cabeza agachada.

Como lo hacen los buenos maestros, dejó en mi mente una inquietud acerca de el tema y esa breve plática me llevó a reflexionar acerca de ello. Creo que, por desgracia, estamos llenos de prejuicios y dolores a los que nos hemos acostumbrado tanto que pensamos que es "normal" vivir así. Hoy me doy cuenta que el mayor prejuicio que tenemos es hacia nosotros mismos: nos desvaloramos, nos juzgamos demasiado duro, nos colgamos etiquetas rígidas porque quizá alguna vez nos equivocamos, como si fuésemos los únicos en el mundo que cometemos errores. Y vamos por la vida con actitud de víctima, con lastres del pasado, muy familiarizados con el dolor que eso nos causa en el corazón. Así como nos acostumbramos a un leve dolor de espalda al que no le hacemos caso y que después creemos que es *normal*, continuamos nuestra existencia porque alguien nos dijo alguna vez que "para vivir bien hay que sufrir".

Hace tiempo conocí la historia de una mujer maravillosa. Se llama Inés, es una persona admirable en muchos sentidos, una señora que supo, literalmente, sacarse el clavo del zapato. Ella fue bailarina durante muchos años. Bailar le apasionaba, lo llevaba en la sangre. Cuando niña su familia era bastante pobre y vivía con muchas limitaciones; su abuela también amaba el arte de la danza folclórica y tuvo la oportunidad de bailar en algunos escenarios como teatros pequeños y quioscos de algunos pueblos vecinos, durante el tiempo en que su belleza y juventud rebozaban. Los zapatos que se usaban y aún se usan para bailar son de manufactura especial, muy resistentes y bonitos por la suela, el brillo y la hechura a mano. Cuando la abuela descubrió la pasión de su nieta, se llenó de gratos recuerdos y fue presurosa hasta su baúl a buscar aquellos zapatos que le procuraron grandes satisfacciones. Los observó con cariño y los sacudió con delicadeza, tomó una frazada para lustrarlos y renovarles el brillo; anhelaba verlos bonitos antes de regalárselos a su nieta. Aunque les cambiaron la suela un par de ocasiones y fueron olvidados por cinco décadas, aún tenían buena forma. Por su parte, Inés estaba dejando atrás la niñez y su cuerpo tomaba formas bien definidas. Cuando vio a su abuela con el par de zapatos en la mano, fue un honor para ella recibir esa pequeña herencia. Las dos se sentaron en la sala para compartir anécdotas y rieron a carcajadas mientras nacía entre ellas una gran admiración.

Inés empezó a usar los zapatos con mucho orgullo, no eran de su talla, pero se las ingenió para que le quedaran bien. Con el paso del tiempo y el uso, un clavo atravesó la suela e Inés se acostumbró a bailar así, con esa pequeña punzada en el pie izquierdo. En varias ocasiones les hizo algunos remiendos caseros para evitar que el clavo la molestara demasiado.

Pero un día el metal empezó a lastimarle la piel, ella aun así calzaba esos zapatos, recordando un poco la historia que le contó su abuela. Afrontó los compromisos en diferentes foros y bailó sonriente. Nadie en la audiencia notó su dolor, lo único que la gente y sus compañeras observaban eran el arte, la destreza y la pasión con que se desempeñaba en el escenario. Conforme Inés creció, los zapatos dejaron de servirle hasta que los cambió por unos nuevos. Aún hoy, extraña la punzada en el pie al bailar. Al respecto ella dice:

> Me sentía extraña, no me acomodaba. Es difícil de creer, pero cuando estrené los nuevos zapatos no podía concentrarme en los pasos, en la cadencia ni en el ritmo. Era algo increíble tener ese fantasma del pasado habitando una parte de mi cuerpo, incomodándome como si me pudiera controlar. Poco a poco, mi mente cedió a la nueva sensación, a la comodidad. Fue una gran enseñanza de vida para mí y para toda la familia, porque aprendimos todo lo que podemos sufrir sin ninguna clase de respuesta de nuestra parte.

¿Cuántos de nosotros vivimos así? En una relación enfermiza, en un trabajo que no nos hace felices, en una realidad que no nos gusta, en una rutina que no nos llena ni nos da satisfacciones, ***pero seguimos ahí aferrados, sobreviviendo entre los silencios y la máscara de que todo está bien,*** porque creemos que "la vida es así" o que "eso es lo que nos tocó vivir".

El cambio que yo he tenido que dar es de 180 grados: abrir mi mente, mis pensamientos, mis emociones, realizar una profunda autoevaluación de lo que deseaba para mi existencia. Gracias a esos descubrimientos pude cambiar la balanza a mi favor, así como mi comportamiento mental, emocional y físico, y por lógica cada una de mis actividades. Me enfoqué en lo que sí tengo, en agradecer mis capacidades, en construir una actitud positiva. Comencé a visualizar y aterrizar las metas que quiero alcanzar. Dicho sea de paso, este libro es una de esas metas, y que tú lo leas y obtengas algo útil de él es uno de mis objetivos principales.

De pronto sentí que varios pesos que arrastraba se me empezaron a caer. Lo puedo explicar de una manera literal: ***solté culpas, acepté realidades, afronté miedos, dejé de criticarme y disminuí las quejas en mi vida.***

Comencé a conectar la mente y el corazón con el alma. Asumí el riesgo de equivocarme y al hacerlo también acepté que tendría que levantarme, ¡eso fue maravilloso! Porque acepté que no soy perfecto, pero también acepté que soy capaz y que tengo talentos únicos, así como tú y todos tenemos aptitudes especiales que nos hacen ser poderosos. Nadie te asegura que lo vas hacer bien a la primera, ¿sabes cuántas veces practica un deportista su rutina, sus tiros, su carrera? Tal vez miles de veces, y todo para que en una competencia de pocos minutos alcance la meta, su objetivo, la gloria.

Soy admirador y amante de los Juegos Olímpicos. Tuve la oportunidad de asistir a las Olimpiadas de 2012 en Londres y lo que más disfruté fue observar a los competidores con sus pechos y frentes en alto por haber llegado hasta ahí. Muchos de ellos, sobre todo los participantes de los países latinoamericanos, llegan con sus propios recursos económicos, no tienen el apoyo de las grandes marcas ni la infraestructura. Lo que más saboreo es ver los rostros de los atletas que ganan una medalla. Probablemente es un segundo el que tardan en cruzar la meta, en escuchar la campana que marca el final de la competencia. En un suspiro hacen historia; no tardan nada en colgarles la medalla en sus cuellos, y ellos ahí parados con esas miradas impregnadas de satisfacción, algunos incluso derraman lágrimas de felicidad. A eso le llamo *pequeños grandes momentos*, ésos que hacen que todo valga la pena porque son la más grande demostración del poder personal puesto en marcha a través de una voluntad inquebrantable y una motivación imbatible.

Contesta las siguientes preguntas:

¿Cuáles son, en tu vida cotidiana, esos pequeños grandes momentos?

¿Qué es lo que te motiva para desarrollar tu poder?

¿Qué le da significado a tu vida?

¿Qué te haría sentir que todo ha valido la pena?

Lo que respondas es lo que te hará **Vivir + Libre**.

En mis viajes y conferencias he conocido a muchas personas que se sienten fracasadas. En algún momento del viaje perdieron la motivación y se sienten perdidas. Los he visto a los ojos y les he preguntado: ¿Cuántas veces lo intentaste? La respuesta suele repetirse: "varias veces". ¿Y cuánto es eso? ¿Una, cinco, diez, mil? Para mi sorpresa, ¡ninguno pasa de cinco! Es evidente que eso no es estar comprometido con el resultado. Imagínate si los grandes inventores de la humanidad hubieran pensado así, no tendríamos miles de cosas: el foco, la rueda, la cámara, el papel, las vacunas, la penicilina, la radio, los aviones, las computadoras, los celulares, el internet; en fin, la lista se haría tan larga que nos sorprenderíamos, es más, quizás ¡aún viviríamos en las cavernas!

Cada uno de ésos y otros hallazgos fueron producto de pruebas y errores, cientos de personas dedicaron su vida a esas creaciones. Afortunadamente, nosotros no estamos en ese proceso, ahora los procedimientos y pruebas se hacen con mayor control. Así que no te preocupes si intentas ser mejor en todo lo que hagas, no perderás la vida.

Puedes perder tu existencia si no haces algo con ella, si la desperdicias, si no trasciendes, si no te liberas.

Para mí, una de las palabras más importantes es "trascender", te dejo aquí una definición que me gustó.

Dejar este mundo un poco mejor de cómo lo encontraste, dejar un legado que haga que alguien haya vivido más feliz gracias a ti.

Si lo que tú quieres es vivir en paz y sentirte tranquilo, ser productivo física y mentalmente, vas a tener que tomar varias decisiones importantes que te lleven en esa dirección. Nunca he creído en las recetas mágicas, apuesto por el trabajo, por la ***transformación consciente de nuestros pensamientos y creencias***, y ése es uno de los conceptos fundamentales para que puedas **Vivir + Libre.** Suéltate de esas cadenas que te amarran, ***rechaza la idea del sufrimiento como base de tu vida***. Eso es para gente que no actúa conforme a lo que siente desde su corazón y su alma. Te invito a que experimentes tu vida desde lo que sientes en el corazón y que aprendas a vivir con y desde aquello que realmente te apasiona.

Te pido mucha honestidad y trabajo, en esto no hay atajos ni medias tintas, no hay "mañanas". Debes de ser autocrítico todo el tiempo, evaluarte, detenerte y respirar hondo, valorar cada detalle, cada sentimiento y enfocarte en el resultado que tienes más próximo. Después continuar. No hay más, *en este libro no hay mentiras, hay compromisos, visión, pasión.*

Si lo que quieres es **Vivir + Libre**, entonces es momento de que comiences a trabajar en todo aquello que le quita brillo a tu vida.

Para ello hay tres cosas muy importantes sobre las cuales debes esforzarte para tener libertad y de las cuales más adelante hablaremos a detalle. Por ahora, sólo quiero que reflexiones en torno a las siguientes tres acciones:

* Soltar el pasado.
* Dejar de preocuparte por el futuro.
* Vivir el presente.

¿Se te ocurren algunas acciones que desde ya puedas ejecutar para ello? Escríbelas debajo.

1. ....
2. ....
3. ....

Del pasado lo que sirve, adiós a las ataduras

Tengo amigos y conocidos que en su momento tuvieron épocas muy exitosas, aunque después cayeron en otros ciclos; es parte de la vida. Por desgracia, tratan de vivir el presente mediante el recuerdo de sus glorias de antaño, como si eso pudiera llenarlos de nuevas satisfacciones.

Estoy casi seguro de que has escuchado frases como:

* Cuando yo fui...
* Cuando estaba en...
* Cuando hicimos ese viaje...
* Cuando era joven...

Por otro lado, conozco personas atrapadas en experiencias bastante desagradables de su pasado: fracasos laborales, pérdidas materiales, rupturas amorosas, la pérdida de un ser amado, situaciones de agresión, abandono, haber sido traicionados, dañados emocionalmente, o incluso quienes quedan anclados a errores que ellos mismos cometieron.

Todo esto genera sentimientos limitantes que nos vuelven duros y nos quitan la alegría de vivir.

Existen tres capacidades que para mí son fundamentales para entender que lo que te ha tocado vivir tiene una función y una razón de ser, y de esa manera es posible procesar el pasado y avanzar.

Las capacidades de:

1. Aceptar.
2. Discernir.
3. Dejar ir.

ACEPTAR

La aceptación nos ayuda a cambiar y avanzar. Por ejemplo: aceptar que fumar hace daño al organismo es el principio para después quitar ese hábito de tu vida. Aceptar que tienes sobrepeso es lo que te hará modificar los hábitos que te han llevado a ese estado. De la misma manera debemos aceptar nuestro estado y cómo nos sentimos, aceptar las situaciones y a las personas como son, aceptar que no estamos donde quisiéramos, aceptar las cosas que pasaron y los efectos que tuvieron en nosotros. Éste es el primer paso para liberarnos del pasado.

DISCERNIR

Es tener la capacidad de tomar lo bueno de cada situación que vivimos y dejar atrás lo malo, con la conciencia de que *lo que hemos vivido nos hace aprender y nos fortalece.* El mayor ejemplo de discernimiento lo llevamos dentro de nosotros, ¡sí!, literalmente dentro de nuestro cuerpo. Es justo lo que hace nuestro sistema digestivo. Piensa un poco sobre ello. Cuando te alimentas le envías esa comida a tu estómago, que digiere el alimento y de ahí lo pasa a los intestinos, que son los encargados de tomar los nutrientes, y después lo que no sirve se desecha. Los nutrientes extraídos son enviados por el sistema digestivo a donde se necesitan: al cerebro, al corazón, a los músculos, al hígado, etcétera. El gran problema es que muchas veces no nos alimentamos de manera sana y le damos a nuestro cuerpo comida con muy pocos nutrientes, y es por eso que nuestro organismo se deteriora, enfermamos y tenemos problemas de salud.

Ahora llevemos esta analogía a nuestra mente y emociones. Si estamos libres y sanos en estos aspectos, podemos entonces aprender de cada experiencia, tomar lo bueno y agradecerlo, fortalecernos con cada vivencia y desechar lo que emocionalmente nos hace daño. Y lo más importante, comenzar a elegir de manera consciente el tipo de experiencias, personas y circunstancias que formarán parte de nuestra vida. ¡De esa manera nos volveremos más sabios, más felices, más energéticos y libres!

DEJAR IR

Es el arte de soltar lo que ya no suma a nuestra experiencia de vida. Dejar de aferrarnos a situaciones y personas a las que nos hemos vuelto adictos por falta de amor propio y por creer que no merecemos ser libres ni felices. He conocido gente con diabetes o enfermedades pulmonares que no quiere renunciar a la comida o a las sustancias que sabe que les hace daño por aferrarse al placer momentáneo que les produce. Creo que todos hemos escuchado a alguien decir la expresión: "de algo me he de morir". Eso habla de la ausencia de valor propio, de falta de motivación y de autoabandono disfrazado de seguridad. De la misma manera, conozco a quienes no dejan el trabajo que los desgasta porque creen que no hay más oportunidades; o quienes no dejan una relación dependiente y dolorosa porque piensan que no habrá quien los quiera y los acepte. Escucho decir cosas como: "es que se me acabó el amor", "entregué todo lo que tenía", "alguien acabó con mi felicidad", todas son falsas creencias que lo único que hacen es debilitarnos.

Es necesario aceptar lo que hemos vivido, dejar de culpar a los demás o a nosotros por lo que nos ha pasado y ***comenzar a hacernos responsables de nuestra existencia.*** Si te han tocado circunstancias o situaciones complicadas, inicia algún proceso de sanación, pide ayuda, ve a terapia, inscríbete a cursos, lee libros que te ayuden a ver la increíble alegría de la vida y di "¡ya basta!", **¡Vive + Libre!**

Decide de manera consciente qué tipo de personas y experiencias quieres en tu existencia, ¿cuáles son las que más van a nutrir tu mente, emociones y cuerpo? Pregúntate,

¿qué tipo de actividades, actitudes, hábitos y personas suman a tu vida?

Las personas que restan, ya sea en su propia vida o en la de otros, tienen el problema, o reto principal, de avanzar y reconocerse en su presente. Ese tipo de gente suele tener el temor a flor de piel; quieren tener todo bajo control, son más reservados y se mantienen en una zona de confort donde, por lo regular, se estancan.

Muchos estudios indican que es bastante normal que nos cueste trabajo experimentar nuevas formas de hacer las cosas. Nos asusta lo desconocido y eso nos frena. En los ámbitos laboral o sentimental también lo sufrimos. Pasamos tantos días haciendo lo mismo, meses o hasta años en un mismo puesto de trabajo o actividad, conviviendo con la misma gente, tanto que después de una etapa de adaptación, al iniciar un nuevo ciclo, eso nos puede frenar. Al emprender nuevos procesos de aprendizaje y entrar en contacto con cosas y situaciones que antes ignorábamos, es común que no podamos ver la salida, ni las soluciones a los nuevos problemas, pero más adelante veremos todo lo que podemos lograr en realidad.

Te voy a hacer algunas preguntas muy sencillas:

¿Tomas nuevas rutas para ir a tu casa?

¿En tu restaurante favorito siempre pides el mismo platillo?

¿Desde hace cuánto tiempo mantienes tu look?

¿Has intentado hacer cosas diferentes últimamente?

¿Si te invitaran a un curso de algo que no conoces, lo tomarías?

¿Tienes ganas de agregar una aventura a tu lista de cosas por hacer? ¿Cuál?

Somos personas de costumbres, y éstas se van arraigando en nuestra conducta. Cada año que pasa nos aferramos más a nuestras formas, mantenemos ideas erróneas y conceptos que ya no son válidos. Por eso, de verdad, si no hacemos el esfuerzo de ver la vida de otra manera, nos será imposible salir del pasado.

La gente quiere controlarlo todo.

Hace más de cuarenta años, en Estados Unidos, se hicieron algunos estudios importantes acerca de las razones por las cuales la gente quiere controlar situaciones que exceden sus capacidades y responsabilidades. Varias universidades importantes participaron con académicos e investigadores expertos en psicología y comportamiento humano. Querían investigar los efectos que produjeron en el cerebro la tensión y las vivencias trágicas de la Segunda Guerra Mundial y la Guerra de Vietnam en sus combatientes. El ejército constató que hubo miles de soldados dañados. Al regresar a su país, estos hombres no encontraban paz, ni trabajo ni estabilidad; estaban desechos mental y emocionalmente.

Los primeros resultados arrojaron que no todos los militares padecían el mismo daño, las investigaciones señalaron que la gravedad de la afectación estaba condicionada por el nivel de control que cada soldado ejerció para sobrevivir. Por ejemplo, los pilotos tenían mayor control en sus decisiones y por ello salían mejor librados, a diferencia de los soldados en las trincheras que estaban expuestos a mayores peligros y menor control de la situación. Los distintos grados de ansiedad que sufrían también los afectaban. Un piloto podía decidir qué hacer y hacia dónde girar, acelerar o en caso de urgencia regresar a la base, pero el soldado en tierra no tenía esas opciones, dependía de otras personas. Entonces podemos deducir que *a mayor control de la situación, el daño resulta menor, a mayor dependencia, la afectación es mucho más severa.*

1. ¿Qué tanta necesidad tienes de controlarlo todo?

----

2. ¿Necesitas que todo sea como lo piensas?

----

3. ¿Lo que quieres controlar tiene relación con algo que te sucedió en el pasado?

En general, nos hemos acostumbrado a esquivar los problemas, pero si de algo estoy seguro es que éstos siempre surgirán, siempre estarán ahí para retarnos y decidir qué camino tomar. He decidido cambiar la palabra "problema" por la palabra "reto", y de esta manera es como me he atrevido a tomar la acción necesaria y vencer esos supuestos "problemas". Si en verdad quieres salir adelante, estar mejor y lograr lo que deseas, debes quitarte el traje de la autocompasión, olvidar las excusas, el autoengaño, y dejar de culpar a los demás por lo que te ha sucedido. Nadie mejor que tú para resolverlo, *se dice que Dios nos manda solamente las pruebas que podemos superar*, entonces,

¿por qué no lo hacemos? Porque no hemos asumido la responsabilidad de aceptar, de discernir y de soltar; en nuestras decisiones están las soluciones.

Como ya lo dije antes, aceptar es un excelente paso para iniciar este camino. Pero ahora voy a añadir algunos puntos que también son muy importantes.

Perdonar es aprender y liberar.

Lo primero que hice fue aprender a perdonar y perdonarme. Entendí que lo que los demás hicieron me afectó, que tenía una razón y que *perdonar esas acciones era parte fundamental del proceso de soltar.* No traté de entender sus razones, porque me desgastaría mucho buscando una respuesta que me dejara tranquilo; sólo me dediqué a perdonar. También perdoné a quienes complicaron las situaciones, ya fuera mi familia, mi esposa, algún amigo o algún jefe. Gracias a eso aprendí qué quiero y qué no quiero para mi vida. Si algo o alguien te dañó, casi con seguridad has sentido resentimiento y tal vez la necesidad de venganza, pero eso no te ayudará. *Perdonar no significa olvidar o borrar de tu mente, es aceptar lo sucedido y asumir la responsabilidad* que te corresponde en determinada situación. Debes entender para qué te tocó vivir eso y en qué medida lo permitiste. Perdonar es aprender de las experiencias y crecer a partir de eso que experimentamos para no volver a vivir algo similar.

> "Cuando perdonamos no estamos cambiando el pasado, pero sí el futuro".
>
> BERNARD MELTZER

El perdón es complejo, requiere de un verdadero trabajo interno que exigirá atención y voluntad de tu parte. Uno de los roles que con mayor facilidad tomamos es el de víctima. Ser víctima de las circunstancias, de las personas o de la vida en general es algo que nos resta mucho poder. En apariencia obtenemos la atención de los demás, provocamos lástima en los otros y sentimos que nos ayudarán porque "pobrecito de mí", "mira qué mal está, necesita ayuda". Pero al final, en realidad, ¿a quién le interesa vivir de la lástima y de las dádivas? Sólo a quienes no han descubierto el gran poder que hay dentro de cada uno. Es bien sabido que aquel que vive siendo víctima, difícilmente podrá sentirse realizado y satisfecho al final de su existencia.

En general, no se entiende el significado real del perdón. Para algunos es una utopía, para otros es el significado de su éxito.

No perdonar implica muchas cosas negativas:

1. Te quita la razón.
2. Te roba energía.
3. Te desenfocas.
4. Vives atado a una frustración.

> **5.** Revives el coraje cada vez que surge el tema o el nombre de la persona que te hizo daño.

Y todo, la mayoría de las veces, por algo que sucedió hace tiempo, siempre en el pasado. Suena un poco absurdo, ¿no? ¿Qué piensas?

Para perdonar te voy a recomendar estos tres aspectos que te podrán ayudar:

Entender por qué me tocó vivir una situación determinada, entender por qué lo hice o por qué me lo hicieron, y también entender que todo pasa por algo y que de nosotros depende aprender de ello y avanzar.

Recuperar tu valor y tu seguridad te devuelve el poder que habías perdido. Sé consciente de que lo que alguien hizo o de lo que haya pasado no determina lo que pasará con el resto de tu vida. Valora lo que sí tienes, valora el aprendizaje y reconoce que eres un ser de luz que tiene buenos momentos y defectos, pero que nunca perderá su valor.

Libérate y libera esas emociones, situaciones o personas que te han debilitado. No tienes por qué cargar con ello. Suelta lo que te daña o te dañó. Si alguien te hirió, déjalo ir, despersonaliza la experiencia y piensa que esa persona tiene su propia historia y carga con ciertas creencias, educación o temores que la llevan a actuar de determinada manera. Si tú eres quien ha hecho daño y cargas con la culpa que te mantiene triste, enojado o tal vez deprimido, también piensa que en su momento hiciste lo que creíste mejor y aprende a reconocer tus errores, pero desde el aprendizaje, no desde el autocastigo. De nada sirve flagelarte eternamente.

Te propongo un breve pero potente ejercicio. Durante varios días respira tres veces de manera profunda mientras repites: "perdono, bendigo y decido avanzar". Hazlo el tiempo que sea necesario hasta que te sientas bien, es muy liberador. Te recomiendo que te pongas un tiempo límite definido para que tu proceso tenga fecha de terminación y puedas en verdad avanzar. Haz el ejercicio por ti, por tu propia tranquilidad.

Avanzar es lo que te llevará a nuevos estados emocionales y mentales. **Crea** nuevos proyectos para ti, nuevas actividades, nuevos hábitos. **Genera** cambios notorios en tu vida, en tus espacios físicos y comprométete con esos nuevos proyectos que te producen alegría. Deja de pensar en eso que te hirió; tú controlas tu mente y siempre podrás ordenarle que deje aquellos pensamientos, y así redireccionarla hacia nuevas metas. **Abre** tu mente, tu corazón y deja que la vida te sorprenda.

Ser protagonista de tu vida es lo que realmente te ayudará a dejar de ser víctima, al igual que atreverte a tomar decisiones sobre lo que quieres para ti. Asumir la responsabilidad de decidir significa que trabajarás en ser consciente de lo que quieres que pase cada día de tu vida y en ser el actor principal de tu historia. Imagina si Nelson Mandela hubiera tomado el papel de víctima, y vaya que tenía razones para hacerlo, ¡nunca hubiera logrado todo lo que hizo! Aceptó lo que estaba viviendo, *perdonó y así liberó su mente para salir de la cárcel, después de 27 años encerrado*, casi ileso y dejar una gran huella en el mundo y hacer un bien a la humanidad.

Siempre que te escuches diciendo: "eso no es para mí", "no tengo buena suerte", "a otros les va mejor", es buen momento para que sepas que quien habla es la víctima que quiere ser rescatada. Pero recuerda ***que nadie rescata a quien no quiere ser rescatado***, y quienes actúan así creen que podrán sobrevivir. En cambio, si dejamos atrás esa actitud y tomamos las riendas de nuestro camino, veremos que la vida nos sonríe y muy pronto experimentaremos la libertad, incluso tendremos tanta fuerza que podremos ayudar a otros.

AGRADECER

Sé agradecido por lo bueno y hasta por lo malo, porque todas las cosas, todas las personas que te aportaron algo, que sumaron en tu vida, que te facilitaron las respuestas, que te extendieron su mano, que te apoyaron económica o moralmente, son parte de lo que hoy eres. Pero igual agradece lo que te forjó, lo que te hizo ser mejor, lo que exigió más de ti, lo que en apariencia te dañó, las grandes pruebas y dolores que has pasado, porque también son parte de lo que eres. Todo lo que has vivido no sólo constituye tu presente, ¡es la base de todo lo grande que puedes llegar a ser!

Agradece todo lo que te pasa.

Valora y disfruta lo que eres y tienes, y deja de sufrir por lo que no tienes. Si te enfocas en tus fortalezas y herramientas actuales, crecerás y serás una persona más feliz.

Agradece cada cosa que te sucede, se trata de experiencias y aprendizajes que forjan tu carácter y construyen tu existencia. Todo tiene una razón, las cosas pasan por algo y si sabes entenderlo, tendrás la capacidad de crear mejores realidades para ti.

También agradece por lo que no tienes. Sí, leíste bien, *por lo que no tienes.* Recuerda que la carencia de algo es el motor que te hará conseguirlo. Si deseas crecer, tener una mejor relación en tu matrimonio, con tu familia, en tu trabajo, si deseas vivir mejor, ganar más dinero, tener más cosas, sentir su ausencia te dará la fuerza necesaria para conseguirlo. Cuántas historias conoces de hijos a quienes sus padres les han dado todo para que "nada les falte" y resulta que ellos no se esfuerzan por conseguir nada. Esas historias terminan, en general, con que esos hijos se vuelven incapaces de sobresalir, de crecer por sus propios medios, incluso incapaces de sostenerse solos, y dependen siempre de lo que los padres hicieron. ¿No es triste que haya personas que nunca experimenten ni desarrollen su propio poder? ¿Que haya gente valore lo que la vida le ofrece?

Siempre agradece. Agradece a Dios todos los días por darte la oportunidad de vivir y dejar huella. No importa cuál sea tu forma de creer en Dios, siempre agradece a esa fuerza increíble que te permite existir. También da gracias a todo aquel que interactúa contigo, a quien te atiende al comprar algo, al que te da el paso en la calle, al mesero del restaurante, a tu familia por quererte, a tus amigos, etcétera. Te aseguro que el hábito de agradecer transformará tu relación con el mundo. Te recomiendo el ejercicio que yo comencé a hacer hace algún tiempo y que, de verdad, me ha hecho sentir mucho mejor.

> Por la mañana y por la noche da gracias, que sea lo primero y lo último que hagas. Puedes agradecer por lo que tienes, por lo que vivirás ese día o por lo que te pasó, pero sea lo que sea, agradece. Y también de manera consciente busca decir "gracias" por lo menos 10 veces durante el día. Verás que te sientes mejor si lo haces.

DESAPEGO

Aprende a practicar el desapego. Uno suele aferrarse a las cosas, no las soltamos con facilidad. No entendemos que no somos dueños de nada, ¿por qué? Es simple, nada te llevarás cuando mueras, nada, absolutamente nada, ni fortunas ni el auto ni la cuenta bancaria ni tus mejores ropas, absolutamente nada. Sé que este concepto es molesto porque creemos que hasta el tiempo nos pertenece, los dones con los que nacimos, nuestra pareja, nuestras pertenencias, etcétera. Pero en el fondo no es así.

Es increíble cómo cambia la vida a partir de que entendemos que construimos las cosas y a nosotros mismos *para trascender* en los demás y en el entorno donde vivimos. Créeme, serás más libre, valorarás más tu tiempo, tus aprendizajes y te sentirás con más energía y alegría si sueltas.

Creemos que encerrarnos en una burbuja puede resolver nuestros problemas y miedos, creemos que podemos controlar lo que está dentro de esa burbuja, quién entra y quién sale. Pero no es así, incluso dentro de la burbuja corremos el riesgo extraviar el camino, de ahogarnos en nuestro propio espacio, de esconder las culpas detrás de un montón de trabajo o de una agenda llena de actividades. Creemos que si estamos ocupados podemos alejarnos de quien más tememos: de nosotros mismos.

Entonces, ¿dónde está la solución? A veces nos llenamos de reglas y asumimos que si las seguimos, mantendremos el control de la situación: estudiar más, trabajar más, llegar más temprano, acostarte más tarde, esforzarte a costa de tu felicidad, guardarte las cosas, etcétera. Pero eso mantiene las culpas bien ocultas y alejadas de nuestros pensamientos; sólo las desviamos de nosotros hacia otras personas o circunstancias en un intento por neutralizarlas.

Temo decirte que si no enfrentas tus miedos, la culpa y el pasado, *seguirás en donde estás.* Por más vueltas que le des al asunto no podrás avanzar, no podrás liberarte de esas cadenas que arrastras desde hace tiempo.

Cuando era niño, a una vecina de casa de mis padres se le murió su papá. Después de ese lamentable acontecimiento, la observé por años pasar desde la ventana, siempre vestida de negro y con la mirada hacia el piso. Cada vez que se acercaba con mi mamá a platicar, hablaba de su papá.

Tenía una mirada muy triste. Eso, según me cuentan, con el tiempo le trajo problemas en el trabajo y con su esposo.

Hay situaciones y experiencias dolorosas que nos sucederán y que no podremos evitar, pero lo que sí podremos controlar es cómo las vivimos.

Arrastrar lastres en el camino o aferrarse a un pasado que no podemos cambiar nos debilitará y no sólo no nos dejará avanzar, sino que afectará toda nuestra vida, nuestras relaciones y nuestro desempeño en general. Nos puede llevar a una existencia a la que llamo EDC (Estado de Desgracia Constante). En ti está decidir cómo quieres experimentar lo que te toca vivir: si desde el entendimiento, la aceptación, el agradecimiento y la alegría; o bien, desde el lamento, el enojo, el resentimiento y la tristeza, que sólo te llevarán a experimentar un EDC. Hay personas que, por desgracia, arrastran su EDC por años y años, y cuando les preguntas qué fue lo que sucedió, algunas veces ya ni siquiera se acuerdan. Para quienes sí pueden recordar, si se aborda desde un enfoque correcto el evento traumático, resulta que, la mayoría de las veces, la situación tenía una solución sencilla.

En algunas conferencias he abordado el tema del muro que construye el presidente Donald Trump en la frontera norte de México. Muchos mexicanos parecen sorprendidos por la medida, se sienten ofendidos y aludidos por las palabras del mandatario estadounidense. A ellos les he preguntado: "¿Qué te sorprende? Si entre familiares se dejan de hablar, entre hermanos, entre parejas, entre primos, ¿por qué nos extraña si nosotros construimos nuestros propios muros con nuestra gente, nuestra familia?". Y no perdonar ni soltar es similar a construir muros como el de Trump.

Soltar el pasado y perdonar da sentido a la vida, es un poder maravilloso que nos permite aprender de los demás y de nosotros. Muchas veces no es necesario perdonar a alguien más, sino a nosotros mismos.

Deja ir lo malo y quédate con lo bueno de todo y de todos.

Cuando entendamos el concepto de desapego, fluiremos mejor, nos alejaremos del dolor, de la ira y de tantas frustraciones que hemos acumulado.

Escribe en tu libreta de apuntes o tareas lo siguiente: Las cinco cosas más importantes que necesitas perdonar o perdonarte.

1. ¿Cuánto tiempo tienes con esas situaciones?
2. ¿Qué puedes hacer para perdonar y soltar?
3. Ponle a cada asunto una fecha de término y solución.

Con esos cuatro sencillos pasos (entender, recuperar tu valor, liberarte y liberar, avanzar) darás el primer gran salto hacia tu libertad, el primero de muchos que debes de dar. Adelante encontrarás más acerca de lo que debes hacer y mis sugerencias para lograr **Vivir + Libre.**

¿Por qué dejar de preocuparse por el futuro?

Al ser humano le gusta indagar, adelantarse, jugar un poco con los sucesos del futuro. Puede ser por miedo, por su necesidad de control o por desear alguna clase de ventaja. Conozco a quienes incluso leen el café o el tarot, o lo que sea, para intentar saber lo que pasará. Pero al atender esta necesidad de anticiparnos lo que hacemos es predisponernos, y muy probablemente, limitarnos en cuanto a lo que el futuro nos puede traer.

Por ideas transmitidas de generación en generación aprendimos a preocuparnos por el futuro y nos olvidamos de lo que en verdad importa: el presente. También me queda claro que hemos aprendido a proyectar, en la mayoría de los casos, los peores escenarios posibles sobre el futuro o sobre una situación determinada. Hace poco desayunaba en un restaurante cuando escuché parte de la conversación de una familia que me llamó la atención.

—Oye, todavía ni te digo nada y ya estás pensando en que te rechazaron —le reclamó el padre a su hijo.

—Ya me lo imagino, anda, dime que no voy a entrar a esa universidad.

El hijo anticipaba algo que aún no sucedía y desde el peor escenario. He observado esa mala anticipación que sucede en todos los ámbitos: en la familia, en los negocios y en las relaciones personales. Según sea la situación, la mente entra en un juego ansioso que la mayoría de las veces te paraliza, te hace más lento, te predispone. El problema principal con este asunto es que nos generamos falsas ideas, hacemos una proyección de las situaciones y muy probablemente generamos, de manera inconsciente, que sucedan las cosas que menos queremos, y es justo por eso que dejamos de disfrutar la vida.

Recuerdo que un día, cuando estaba en segundo de primaria, mi mamá me llevó a la escuela y al dejarme en la puerta me dijo: "A la salida, cuando venga por ti, vamos a ir a que te saquen unos estudios de sangre". ¡Lo único que pude pensar durante las casi cinco horas de clases fue en una gran aguja que entraba en mi brazo para extraer mi sangre! Durante casi toda la mañana me piqué el brazo derecho con un lapicero para, según yo, saber lo que iba a sentir y así estar preparado para lo que me esperaba en el laboratorio médico. Sufrí mucho esa mañana y, por supuesto, lo último que hice fue poner atención a la clase. Al salir de la escuela, mi madre nos llevó a mí y a mis hermanos a que nos hicieran los estudios, y cuando el médico quiso sacarme sangre, no encontró la vena en mi brazo de tan lastimado que lo traía por mis múltiples ensayos previos, y entonces dijo: "Pequeño Iván, ¿me prestas tu otro bracito para poder sacarte la muestra?". ¡Yo sólo había practicado en el otro brazo!

Con este pequeño episodio de mi vida te quiero transmitir la idea de que preocuparnos tanto por el futuro lo único que nos trae es ansiedad y sufrimiento, y en consecuencia limita demasiado nuestra experiencia de vivir el presente.

¿De dónde viene la palabra ***preocupación***? Es el resultado de ocupar mentalmente nuestro tiempo antes de que sea necesario, porque al conocer bien todas tus preocupaciones, ya sea el pago del auto, la hipoteca, la junta con el jefe, la receta que no te sale, los problemas de tus hijos, resulta que la mayoría son simples ilusiones. Con el tiempo nos damos cuenta de que no llegan a suceder y si suceden dichas situaciones no son tan dramáticas como las imaginamos.

Toma decisiones y enfrenta esas preocupaciones, supéralas y avanzarás. Actúa con responsabilidad sobre tus actos; cede, fluye, no te aferres ni trates de controlar lo que acontece. No te anticipes a nada, disfruta lo que te pasa. Cada detalle vivido te aporta conocimiento, cada persona te puede dar sabiduría. En ti está la decisión de cómo vivir las cosas y el camino a tomar.

No entres en crisis por algo que ni siquiera sabes si va a suceder. Pierdes un tiempo muy valioso pensando en cosas sobre las cuales no tienes control.

Entiendo que a quien tiene la responsabilidad de ser padre de familia le resulte complicado no preocuparse. A mí como empresario también me ha sucedido, he buscado (¿quién no?) tener alguna ventaja, poder anticiparme a los problemas, solucionar todo por adelantado, cada factor que pudiera afectar. Pero aprendí la inutilidad de preocuparme por situaciones que aún no estaban a mi alcance. De hecho, llegué a vivir un fenómeno interesante que estoy seguro podrás identificar. A veces era tanta mi preocupación y mi miedo de que *no fuera a pasar algo*, ¿que qué crees?, al final sucedía eso que tanto temía. Lo que te quiero decir es que el preocuparte tanto y pensar demasiado en algo, puede ser lo que provoque que te suceda justo lo que no quieres. También debo decirte que, la mayoría de las veces, no pasaba ni la mitad de eso que tanto temía. Entonces, ¿para qué tanto tiempo, energía, tanta vida en estar preocupado? El desgaste es mucho y el resultado muy poco. La mejor manera de tener un buen futuro es vivir el presente, prepararte hoy, actuar, pensar y experimentar cosas buenas aquí y ahora; es la mejor manera de proyectar un futuro maravilloso.

Algo similar nos sucede cuando queremos complacer la opinión de otros. ¿Te importa mucho lo que piensen tus vecinos, tu familia, tus amigos o compañeros sobre ti? Es algo sobre lo que no tienes control, ¡ni lo tendrás jamás! Entonces, si no puedes solucionarlo, ¿para qué pierdes el tiempo en ello? Si esto no te convence, déjame contarte que cuando te preocupas demasiado por alguna situación tu cuerpo produce una hormona llamada cortisol, conocida también como la hormona del estrés. El cortisol aumenta los niveles de azúcar en la sangre y suprime tu sistema inmunológico, lo que te hace más propenso a contraer enfermedades, y eso sí que no está bien.

Una vez un hombre fue a pedir trabajo a una compañía de barcos. Sabía cómo conducirlos, debido a su vasta experiencia como capitán. Durante la entrevista de trabajo le hicieron distintas preguntas:

—Díganos, por favor, ¿qué haría en caso de que enfrente una gran tormenta en altamar?

—Pues tiraría algunas anclas para asegurar el barco —les contestó él.

—¿Y qué pasa si llega otra tormenta?

—Pues tiro otras anclas —volvió a contestar.

—¿Y si llega otra más?

—Pues tiro más anclas...

Asombrados, le preguntaron de nuevo:

—¿Explique de dónde saca tantas anclas?

—Pues de donde usted saca tantas tormentas —les contestó el hombre.

Lo que quiero que pienses con esta historia es en cómo nos predisponemos tanto a cosas negativas que nos puedan pasar, que a veces, aunque se nos presenta una solución a un problema, buscamos razones por las cuales continuar pensando en los peores escenarios. Con esto no quiero decir que no debamos prepararnos, simplemente digo que cambiemos nuestras predisposiciones de negativas a positivas, y eso nos permitirá vivir con más alegría y sentirnos más ligeros y libres.

> **"No deberías inquietarte por lo que aún no ha sucedido, puesto que la única forma que tiene el futuro para dañarnos es lograr que nos preocupemos".**
>
> **Christopher Paolini.**

El futuro es aire, ¿quién puede atraparlo? ¿Quién puede controlar lo que aún no existe?

He escuchado a varias parejas hablar de cómo se verán en diez o veinte años; forjan planes para hacer un gran viaje, para comprar una casa y demás. ¡Eso está muy bien! Lo que no debemos hacer es aferrarnos a que esos eventos sucedan tal y como los imaginamos. Debemos luchar por alcanzar nuestras metas, pero sin aferrarnos a las formas. Por ejemplo, en mi caso, estudié Mercadotecnia y mi objetivo era dirigir el área de mercadotecnia en una gran empresa. Lo logré después de pasar por el área de ventas, que por cierto es casi una ofensa para los mercadólogos. La cuestión es que cuando llegué a ese puesto directivo, me di cuenta de que debía desarrollarme como conferencista y escritor; por los eventos que realizábamos en esa empresa tenía la obligación de hablar ante auditorios de miles de personas, y ahora que me dedico a esto me siento y **Vivo + Libre** y feliz que cuando tenía el puesto que según yo tanto deseaba.

No debes olvidar que *evolucionas cada día, cada semana, cada año*, no eres la misma persona por siempre. Creces en muchos aspectos, eres como una máquina imperfecta de sentimientos y emociones que necesita afinación, alineación, balance, visión y tantas otras cosas más que se pulen con el tiempo.

Todo es dinámico, tu vida se construye hoy.

Para dejar más claro el objetivo de este capítulo, te voy a contar otra historia que refleja cómo somos y cómo nos manejamos respecto al futuro.

Resulta que a un hombre, al que llamaré Manuel, se le descompuso su auto. Era un vehículo costoso, se lo ganó a pecho diez años atrás y lo conservaba en muy buenas condiciones. En ese momento, la situación económica de Manuel no era ni se acercaba a lo que fue diez o quince años atrás. A sus cincuenta vivía muy limitado; no tenía muchas deudas y su casa cumplía con todo lo que le había pedido su mujer; tenía dos hijos que radicaban en otros países. Manuel vivía en un pueblo pequeño que tenía pocos mecánicos. El automóvil era su único medio de transporte, y cuando se le descompuso no encontró otra solución más que llevarlo al taller local al que más confianza le tenía la población, ya que a pesar de haber vivido ahí mucho tiempo, la realidad era que Manuel no conocía a mucha gente. Con los años se había convertido en un ermitaño.

—No le puedo decir cuánto es hasta que lo revise. De la revisión son ochenta dólares, porque hay que abrir el coche, conectarlo a la computadora, y más el cambio de aceite, bujías o lo que necesite, puede ser más lo que cueste —le dijo el mecánico.

—Está bien, hágalo, por favor, que no puedo estar sin mi vehículo —contestó Manuel, mientras pensaba que le saldría muy caro.

—Pasado mañana le marco para avisarle cómo nos fue.

¡Durante los dos días de espera Manuel no pudo dormir! Vendió algunas cosas que tenía guardadas para que su presupuesto fuera más holgado. Le pesó deshacerse de esas pertenencias, pero en verdad quería que le arreglaran el coche. Su mujer trató de tranquilizarlo, aunque no lo logró. Los minutos parecían horas para el pobre Manuel que daba vueltas y vueltas en vela sobre su cama. Hubiera querido tomar pastillas para dormir, pero no podía por un problema cardiaco, por lo que quedó limitado a su propio sueño.

Pasaron los dos días, a primera hora se fue al taller, estaba ansioso. Se despidió de su mujer con un beso, ella le llenó el termo con su café preferido y le dio la bendición.

—¿Ya quedó listo? —le preguntó al mecánico tan pronto lo vio.

—No, no quedó, lo revisamos y la computadora nos arroja un problema con una válvula del pistón seis, señor. Es un coche muy delicado, yo le recomiendo que lo lleve a la agencia en la ciudad para mayor seguridad.

Resignado, Manuel sacó los ochenta dólares para pagar la revisión. Contó lentamente los billetes mientras el encargado revisaba las notas del mecánico, sin prestarle atención.

—Aquí tiene el dinero —dijo Manuel.

—¡No! No le vamos a cobrar nada, no quisimos meterle mano a su coche porque sería un doble gasto para usted y aquí no abusamos de nadie. Aquí tiene las llaves, que tenga muy buen día, señor —señaló el mecánico con determinación.

—Muchas gracias, que Dios se lo pague.

—Mire, en esta tarjeta que le voy a dar están los datos de mi hijo John. Él trabaja en la agencia en la ciudad y le puede dar un buen precio. Dígale que va de mi parte, seguramente le dará mucho gusto saber de mí.

—Muchas gracias, mañana mismo lo llevaré para allá, con su permiso —expresó Manuel.

Se despidieron efusivamente, cada uno pensó que había hecho lo mejor para el otro. Al ir a la ciudad, Manuel buscó al hijo del mecánico del pueblo y éste le ayudó a resolver el problema de su auto, además de hacerle un descuento en los servicios. Manuel pudo pagar sin problemas y tuvo de nuevo su carro funcionando a la perfección.

Al final uno se pregunta ¿de qué sirvieron esas dos noches sin dormir y llenas de preocupaciones? ¿Valió la pena que Manuel se deshiciera de las cosas que tanto quería?

Contesta el siguiente ejercicio:

1. Recuerda y describe dos ocasiones en las que te pasado algo similar.

----

2. ¿Sentiste coraje, tranquilidad, desesperación? ¿Qué fue lo más negativo de tu experiencia?

----

3. ¿Tuviste que deshacerte de cosas personales para resolver el problema?

4. ¿Pudiste solucionarlo como lo habías planeado?

5. ¿Indagaste más soluciones posibles de las que aparentemente tenías?

6. ¿Cambiaron el resultado las preocupaciones?

7. A raíz de lo que te sucedió, ¿has modificado tu forma de pensar en relación a la solución de problemas?

8. Enumera al menos tres cambios que has hecho para solucionar mejor tus problemas.

Imagínate vivir esa zozobra, en situaciones similares, varias veces a la semana, al mes, al año! ¿Cuántas horas de tranquilidad y de sueño crees que has perdido en vano por situaciones parecidas a la que atravesó Manuel?

Lo mismo nos sucede en las relaciones humanas, ya sean laborales, con los hijos o con la pareja. Esperar la resolución de algo nos puede afectar muchísimo, y sin sentido alguno. Por eso aprende a vivir el presente, despídete de las preocupaciones sobre el futuro y toma hoy las decisiones que te hagan **Vivir + Libre** y con mayor tranquilidad. Recuerda que *el futuro depende de lo que haces hoy.* Si quieres tener un futuro feliz, vive feliz en el presente.

Ojo, quiero aclarar que dejar de preocuparse por el futuro no significa dejar de ser responsable por las consecuencias de tus actos, y no significa que busques tu felicidad a costa de hacer daño a otras personas o, incluso, de dañar tu propio futuro.

La dicha de vivir en el presente

Si ya aprendimos a soltar el pasado y a dejar de preocuparnos por el futuro, ahora el reto lógico es vivir el hoy, el aquí y el ahora. Un sabio dijo alguna vez: "preocúpate solamente por modificar el presente, es lo único que puedes hacer, ni el pasado ni el futuro los tienes en tus manos". Y es verdad, ¿cuántas personas se la pasan entre queja y queja por algo que les sucedió hace horas, días, meses o años atrás? Contesta con honestidad, ¿cuánto tiempo has perdido en asuntos del pasado? Alguna vez un maestro me dijo: "tratar de cambiar el pasado es como tratar de mantener arena entre tus dedos, algo prácticamente imposible". Te haré otra pregunta, presta mucha atención, ¿consideras que somos seres que necesitan energía para vivir? ¿Sí o no?

Si respondiste afirmativamente, ¿por qué perder tu energía en algo que no tiene solución? Dicen que la culpa es como el pasado, una persona que no se libera del pasado es alguien que carga una losa muy pesada sobre los hombros. Debes de cuidarte más, tanto a tu espalda y hombros como a tus pensamientos.

> **"Los que viven noblemente, aunque vivan en la oscuridad, no tienen que temer haber vivido en vano. Algo irradia desde su vida, cierta luz que señala el camino a los amigos, a los vecinos, quizás hasta edades lejanas en el futuro".**
>
> **Bertrand Russell**

Algunos años atrás escuché una historia que me impactó mucho. La quiero compartir aquí para trabajar en algunas preguntas y reflexionar sobre lo que sucedió. En la actualidad, existen familias con diferentes formatos, el que conocíamos todos, el tradicional (papá, mamá e hijos de ambos), ha cambiado con el paso de los años. Para bien o para mal, hoy existen diversos tipos de familia debido a nuevos factores, sociales y maneras de pensar.

Ésta era una familia de cinco integrantes. El papá era Alfonso, la mamá, Lupita, y tres hijos, dos de ellos de una relación pasada de Lupita; por su parte, el hijo de Alfonso se llamaba Juan, su nombre se lo puso Alfonso en honor a su abuelo. Juan era más grande y educado que los hijos de Lupita, y también era hijo de una relación anterior de Alfonso. Era muy respetuoso, tuvo la fortuna de estudiar en buenos colegios. Cuando era niño, a su papá le iba bastante bien, sin embargo, a sus dos hermanos menores la suerte no les tocó igual, estudiaron en escuelas de gobierno y tuvieron muchas limitaciones. La mamá se la pasaba culpando al papá de la situación económica y daba pie a que sus dos hijos arremetieran contra él. Alfonso explicaba una y otra vez que tuvo que cerrar el negocio y que nunca fue su intención hacer una diferencia entre ellos.

Juan se preocupaba mucho por eso, defendía a su papá a capa y espada. Alegaba que su educación y la suerte de su padre en los negocios se dieron bajo otras circunstancias. Por desgracia, la brecha entre los integrantes de la familia se abrió demasiado. Alfonso cayó enfermo de gravedad. Héctor, el hijo de en medio, miraba con tristeza cómo se disolvía el amor entre todos. No daba crédito a la situación, no podía entender lo que ocurría. Pero él no quería vivir así, se sentía atrapado entre las dos partes; por un lado, su padre y Juan, y por el otro, su madre y su hermano menor. El problema es que nadie lo tomaba en cuenta, su madre lo descalificaba de inmediato si tomaba partido alguno.

El abuelo paterno empezó ayudar a su hijo Alfonso con los gastos del hospital. Era un hombre mayor, había enviudado hace tiempo y quería que la familia de su hijo estuviera unida, su casa era grande y tenía un terreno considerable al lado de su propiedad. Decidido, habló con Lupita y los tres hijos del matrimonio:

—Yo no quiero que mi hijo Alfonso sufra de esta manera. Sé que para todos es difícil de entender esta situación, pero lo que él vivió y su entorno actual son completamente diferentes. Estoy seguro de que cada uno de ustedes puede poner de su parte para ayudar, no quiero pensar que el problema se debe sólo al dinero, pues para todos habrá en su momento, ésa es la voluntad de mi hijo y la mía también. Quizás me queden algunos años más por vivir, así que hasta entonces tendrán lo que les voy a dejar de herencia. Tengo algunas cosas de valor que les pueden resultar de ayuda.

—Abuelo, no digas eso, lo más importante es que estemos bien, juntos, con papá recuperado —dijo Héctor con firmeza, mientras su madre lo observaba extrañada de arriba abajo; en ella había mucha rabia por el trato que había recibido de parte de la abuela antes de fallecer, pues nunca estuvo de acuerdo en que Alfonso se casara con Lupita.

—Nadie quiere tener problemas —dijo el menor—. ¿Verdad, mamá?

Lupita no contestó nada, analizaba las palabras de su suegro con avaricia, contaba los días para ganar la batalla. En su cabeza ella creía tener la razón, sentía que estaba en su derecho de pelear por lo que era suyo y demostrar a sus hijos su fortaleza para no ceder.

—Les voy a encargar mucha discreción. No quiero que mi hijo se entere de esta conversación, si pueden guardar el secreto será mejor para todos. Por favor, vivan el presente agradeciendo la oportunidad que nos da la vida. A mí no me interesa quien sea hijo de quien, ahora somos una familia y todos podemos cometer errores. Lo bueno es que la mayoría tienen solución, la muerte es lo único que no podemos detener ni cambiar. Gracias por su ayuda —dijo el abuelo.

—Cuenta con nosotros —dijo Juan.

—Recuerden que los caminos más complicados de la vida pueden traer grandes satisfacciones, nunca echen en saco roto los aprendizajes de sus mayores.

La charla culminó con algunos abrazos y bendiciones. Alfonso se recuperó después de tres meses y nunca se enteró de esa charla. El abuelo logró que los hijos menores valorarán las cosas que tenían, mas no todo se solucionó.

La relación entre la pareja terminó en divorcio. Lupita nunca pudo perdonar ni olvidar; era una persona agresiva, se quejaba de todo, de esa manera ocultaba sus fracasos, y sus frustraciones, y se mantenía viviendo en una mentira porque le daba miedo mostrarse tal como era. Quería arrastrar a sus dos hijos a ese destino incierto. Pasaron los años y el abuelo falleció y dejó su propiedad, dos autos y una cuenta bancaria para su hijo; el terreno anexo a su casa se lo dejó a los dos muchachos que no llevaban su sangre. Un acto de misericordia y solidaridad.

El hermano mayor, Juan, frecuentaba a sus hermanos seguido. Les ofreció construir en el terreno que les dejó el abuelo un par de casas para ellos. Pero Lupita nunca estuvo de acuerdo, desconfiaba de la propuesta, "se van a quedar con ellas, no les van a dar nada", decía postrada en el sillón de su departamento.

La historia continuó y los tres hermanos construyeron las casas y no hubo engaño, ni trucos. Tanto Alfonso como Juan los apoyaron en todo. Más adelante pusieron un pequeño negocio juntos y los tiempos de abundancia llegaron. Hoy se reúnen todos los jueves a tomar un café y pan dulce, una tradición que les impuso el abuelo cuando sus nietos aún eran niños.

Lupita murió sola y alejada de la familia, con el recuerdo del amargo sabor de su pasado, y con miedo de lo que pudiera pasar en el futuro. Su orgullo se impuso sobre el amor. Nunca aceptó con humildad los cambios en la vida de su exesposo, se le acabó la paciencia demasiado pronto. Por años ocultó la culpa de sus actos y se envalentonaba frente a sus hijos; nadie pudo ayudarla porque ella misma no lo deseaba.

Contesta lo siguiente:

1. ¿Qué mensaje te llega sobre soltar el pasado y no predisponerse ante el futuro?

---

2. ¿Te sientes reflejado en alguno de los personajes?

---

3. ¿Te sientes identificado con alguna de las situaciones de la historia?

---

4. ¿Por qué crees que hay gente que no acepta las cosas buenas y se quiere quedar con lo que ellos entienden como "razón"?

---

5. ¿Alguna vez has confundido fortaleza con egoísmo?

Si no haces día a día lo que tienes por hacer, arrastrarás contigo muchas cosas. Tal vez no te percates o no te quieras dar cuenta,

pero lo llevarás al futuro, y las tareas, los sentimientos y los errores se acumularán. El presente es el único momento que tenemos para vivir y construir la realidad que queremos.

¿Cuál es la solución? Sencilla, resolver cada día las cosas que se nos presentan, aunque a veces nos parezca complicado. Aclara cada sentimiento, platícalo, enfréntate a él con determinación. ¿No puedes solo?, pues busca ayuda, busca un consejo, quién te guie hacia la solución, pero no dejes jamás nada a medias. Es importante entender que no todo lo podemos hacer solos, todos los grandes personajes de la historia tuvieron maestros, consejeros, apoyo de otras personas. Incluso los grandes emperadores buscaron ayuda, ¿por qué no lo haces tú?

1. Escribe tres situaciones o emociones que tengas pendientes de resolver y que sientas que te frenan emocionalmente.

----

2. Define una fecha (cercana) en la que te comprometas a resolver cada uno de esos pendientes.

----

3. Dale a cada pendiente un rango de importancia. Utiliza el abecedario para diferenciarlos: A, B, C.

----

4. Clasifica las situaciones o emociones en tres grandes categorías: Negocios, Relaciones personales y Salud.

----

5. ¿Cómo crees que te vas a sentir cuando las hayas resuelto?

¡Hazlo ya!

He comprobado que este método funciona, y te aseguro que llevarlo a la práctica te hará **Vivir + Libre**. Tiene muchas ventajas: te sentirás más ligero y tranquilo, sobre todo porque te sentirás más presente en tu vida y con mayor energía. Define y programa lo que quieres lograr en tiempos determinados y con acciones concretas. Hacerlo te dará una visión a futuro más certera y te ayudará a lograr en el presente lo que debes hacer con compromiso y alegría. Finalmente, hacer esto te traerá un presente en el futuro donde te vas a sentir muy bien.

Dime con sinceridad qué prefieres, ¿vivir enfrentando situaciones inesperadas o llevar una disciplina que te permita hacer lo que te gusta con alegría? ¿Compartir con tu familia, disfrutar tu trabajo, tener buena salud y disfrutar tus tiempos de sano ocio?

Uno de los grandes problemas que tenemos es que empoderamos situaciones y a personas equivocadas. Sé que todos hemos pasado por momentos en los que perdemos el control y los estribos, incluso explota nuestro mal carácter. Lo primero es aceptar la existencia de factores que nos pueden alterar: ya sea el tráfico, el retraso en un vuelo, el clima, algunas palabras mal empleadas, el vecino y su ruido, el jefe perfeccionista, gente que no se compromete, el desorden en la casa o la oficina, un hijo desobediente, etcétera. Existen tantas posibles alteraciones que nos pueden mermar mentalmente, desestabilizar o generar ira y dolor; la mayoría piensa que esa desestabilización se debe a esas cosas que suceden y nos alteran, ¡y no, no es así!

Lo que sucede es que tú cedes el control, permites que lo que te rodea o el comportamiento de ciertas personas te genere ese sentimiento. No debemos olvidar que sólo nos puede dañar lo que realmente nos importa, tus hijos, tus padres, tus hermanos, tus seres queridos. Ni el autobús ni el chisme de la oficina ni el retraso del avión ni el restaurante ni el banco o la persona que llama para ofrecerte una tarjeta o una nueva línea de celular, nada de eso nos debería de mover de nuestro centro de equilibrio. Pero no siempre es así, he hablado con muchas personas y cuando me explican lo que sucede, he notado que intervienen tres factores repetitivos: exceso de ego, falta de temple y falta de enfoque.

EXCESO DE EGO

Hablemos del primero de ellos, el ego negativo, ese que nos hace creer que somos únicos y superiores a los demás. Lo único que logra es aislarnos del mundo y volvernos infelices. Nos hace creer que sólo cuenta nuestra opinión, que siempre estaremos por encima de los demás, que sólo debemos recibir los mejores tratos, que no debemos aceptar equivocaciones de los demás. Hacerle caso al ego es vivir en una isla y quedarse solo, porque nadie será digno de pisar esa playa. Desde su punto de vista, todo lo que se nos dice es interpretado como un ataque; no aceptamos sugerencias ni críticas y si algo es contrario a nuestra opinión, lo censuramos con rapidez y descalificamos la fuente de información. Las personas que sufren de ese padecimiento o intolerancia son prepotentes y dañan todo su entorno: negocios, familia, relaciones. Una forma de combatirlo es considerar lo que es mejor no sólo para nosotros, sino para todos los que nos rodean.

FALTA DE TEMPLE

Cuando somos templados, sabemos controlar, contener y discernir nuestras acciones y sentimientos, incluso bajo presión. Se trata de una característica importante en cualquier ámbito. Un soldado o un general del ejército necesitan temple para saber qué decisiones tomar y derrotar al enemigo; el director general de una empresa sabrá qué hacer cuando suba el dólar o bajen las acciones de la compañía, o si la competencia saca un nuevo producto a mejor precio. En un incendio o un terremoto, una persona templada guardará la calma y tomará acción en el momento oportuno, sin esperar a que alguien llegue y le diga qué hacer.

La falta de temple provoca que explotemos con mayor facilidad, que no controlemos nuestros sentimientos o los confundamos, que nos dejemos llevar como barcos de papel por nuestras emociones, ya sea enojo, frustración, enamoramiento, angustia o tristeza. La gente sin temple es fácil de detectar, la puedes ver pegada al claxon en un congestionamiento de tránsito, gritándole a su pareja en pleno restaurante, golpeando a sus hijos por alguna falta menor o haciendo bromas fuera de lugar. No saben distinguir qué provoca sus acciones, coloquialmente decimos sobre ellos: "se alocó".

Actuar con equilibrio y serenidad no es fácil, más cuando no se ha trabajado en esa parte durante la juventud o la niñez. La templanza es moldear, adaptar las emociones de acuerdo con cada acto o necesidad, sin perder la compostura y la paz.

> **"El trabajo y la templanza constituyen las dos medicinas del hombre: el trabajo aguza el apetito y la templanza impide abusar de él".**
>
> **Jean-Jacques Rousseau**

Quiero aclarar algo muy importante: todos los sentimientos y todas las emociones son buenas, son útiles, y están para algo. Lo más importante de ellas es saberlas entender y aplicar de la manera correcta. En su justa medida, ¡hasta el miedo es bueno! Es un excelente consejero, puede salvarte la vida, pero recuerda que existen tres tipos de miedos y hay que saber identificarlos.

* Miedo real: Cuando algo te amenaza, un agresor o un factor inminente. Te provoca una reacción inmediata.
* Miedo imaginario: Piensas cosas, creas escenarios que a lo mejor nunca llegarán a ser reales. Te estresas y te complicas la existencia; no disfrutas el momento, la vida misma.
* Miedo neurótico: Tú lo provocas, lo buscas y lo atraes para que puedas decir: "¡Ya ves, te dije que iba a pasar esto! ¡Me lo merezco, sabía que iba a chocar!". Es muy dañino porque todo el tiempo te frena y no puedes avanzar.

FALTA DE ENFOQUE

Cuando nos falta enfoque, cualquier cosa o asunto nos distrae, nos saca de nuestro plan o ruta, perdemos el foco de lo que es realmente importante, nos cegamos y se nos nubla la razón. Pero déjame decirte que la vida está llena de situaciones que no podemos controlar, ¡son trampas, obstáculos que aparecen en el camino! ¿Y sabes cuál es la clave de todo esto? Que tú y sólo tú eres quien decide qué ver, en qué asunto colocar tu energía, tus ganas y el impulso de tu corazón.

Es muy común que con el paso de los años nos perdamos por tantas cuestiones acumuladas en la cabeza; de niños, en realidad, procesábamos pocas cosas. Mi padre solía decir: "concéntrate en estudiar, olvídate de lo demás". Lo "demás" era divertirme, comer y dormir. Durante la juventud añadí más tareas, más asuntos, algunos complicados, otros sencillos; el estudio se volvió más pesado. No es lo mismo pasar Ciencias naturales 1 que Contabilidad financiera. Además, en algún momento surge el enamoramiento con todas sus implicaciones. Aparecen responsabilidades más importantes, pues ya no se trata sólo de lavar tu plato después de comer. Después llega la etapa productiva, el trabajo, mayores responsabilidades, te casas, tienes hijos, las colegiaturas, las clases de cómputo, de ballet, los médicos, tu salud y la de tus hijos, pagar renta, el auto, ¡un mundo de compromisos! Treinta o cincuenta asuntos que vigilar de manera simultánea y casi instantánea.

Ahora bien, ante este panorama tan complejo, piensa ¿en qué nos pudimos desenfocar?

* Tus expectativas (altas, bajas, intermedias, inexistentes).
* Prioridades de tu vida (¿qué es primero?).
* Identidad (¿quién eres en realidad?).
* Motivación (¿qué buscas?).
* Planeación (¿qué te mueve?).
* El propósito de vivir (¿qué te hace vivir?).
* Tu rol en la sociedad (¿cuál es? ¿Eres feliz con él?).

Como lo señalé antes, es lógico que te pierdas en el camino y que algunos de los aspectos de tu vida estén fuera de foco, que no los aprecies correctamente, o que sean por completo diferentes a lo que habías imaginado o planeado con antelación. El resultado es que tu realidad no es lo que habías buscado o imaginado, eso dificulta tu vida y te hace infeliz, o te da la sensación de no controlar nada. Recuerda lo que vimos en el segundo capítulo acerca de la sensación de incertidumbre que genera no tener el control de las cosas. Eso precisamente es estar "desenfocado". La energía positiva que generas se dispersa en situaciones que no puedes manejar, que no dependen de ti, y pierdes tu vitalidad mientras tratas de encontrar un balance adecuado.

Entiendo que los aspectos en que nos pudimos desenfocar son temas profundos, cada uno de ellos es parte de tu esencia, de los conceptos y claves que afectan tu desempeño personal.

Ahora bien, te haré unas preguntas un tanto retadoras:

1. ¿Te resulta fácil culpar a otros?

----

2. ¿Siempre encuentras excusas en "algo" o "alguien" porque tu vida no funciona como deseas?

----

3. ¿Crees que hay un complot en tu contra?

La verdad, es simple, si renuncias a enfocar tu energía hacia un propósito o proyecto, dejarás en otros el control de lo que sucederá en tu vida y estarás a merced de dichos acontecimientos. Ésa es una visión del universo muy cómoda, millones de personas la emplean todos los días; se quejan de todo lo que les pasa porque se lo han atribuido a fuerzas externas e incomprensibles de la naturaleza. El ser humano es inestable porque decide serlo, porque no ha tenido el temple, *porque lo controla su ego y le falta enfoque.*

Lo que he escrito en este capítulo está íntimamente relacionado con la necesidad de que vivas en tu presente, te enfoques y desarrolles las habilidades que te permitirán crear una realidad que en verdad disfrutes. Utiliza los grandes poderes que tienes como individuo para hacer de tu experiencia algo increíble.

Volviendo a la esencia de este capítulo, quiero contarte que he conocido personas que son maestros para mí; me mostraron cómo disfrutar la vida al vivir el presente, desde las cosas más simples. Pon atención a lo que sucede en este precioso momento, ¿estás de verdad concentrado en leer este libro, o tu mente ya se extravió en tantos lugares mentales y pendientes que tienes? ¿Sientes tu respiración? ¿Sientes tu corazón latir? Estoy seguro que al leer estas preguntas te has hecho consciente de ello y lo has podido sentir, pues bien eso es enfoque: eso es disfrutar el presente. ¿Harías algo que conscientemente sabes que te puede dañar? Creo que le respuesta debe ser "no", a menos que seas un gran masoquista. Si nos atrevemos a vivir el presente con plena consciencia creo que *jamás tendremos un futuro malo* o un pasado del cual arrepentirnos.

Mi padre es, para mí, un gran maestro en el arte de vivir el presente. Él hace cosas simples que me llevan a reflexionar. Algo que siempre me llamó la atención es que cuando se sienta a comer, prepara cada uno de sus bocados con mucho gusto, tanto que en verdad lo disfruta; prepara el lugar y el ambiente, hace bastante evidente que no piensa en otra cosa más que en disfrutar las delicias que va a degustar. Cuando salimos a vacacionar su actitud es ejemplar, se despreocupa de lo que pase en su negocio, y no se compara con nadie, él anda en lo suyo: observa el mar, conoce lugares, saborea las bebidas que le gustan, ¡disfruta su momento! Cuando algo le molesta lo dice y suelta su emoción, no suele quedarse con cosas guardadas, es directo y toma decisiones difíciles de una manera sencilla. Esa forma de vivir lo hace ser una persona sana a sus más de 80 años, además de que su existencia transcurre en completa paz.

Por otro lado, mi madre perdió a su mamá cuando tenía 5 o 6 años. Mi abuelo, debido a su trabajo, no podía cuidar de ella y de sus hermanas. Durante un tiempo anduvieron en distintas casas de familiares en la búsqueda de que alguien las cuidara y les ayudara en su etapa de desarrollo. A mi madre le tocó vivir momentos y situaciones muy difíciles. Después mi abuelo se volvió a casar y tuvo una madrastra que no era precisamente "una perita en dulce", fue complicado para ella y sus hermanas. Lo que me sorprende es que nada de eso la convirtió en una persona amargada o enojada con la vida. No se quedó anclada al pasado, por el contrario, es una madre dulce, cariñosa, que no guarda rencores y que es alegre y trabajadora. Siempre cuidó de mí y de mis hermanos, siempre estuvo al pendiente de nosotros. Con esto lo que quiero decirte es que la mejor manera de **Vivir + Libre** es disfrutar el presente y gozar lo bueno que hay en la vida, porque siempre lo hay.

Hoy en día con los avances tecnológicos, aunque son una maravilla, hemos perdido la capacidad de estar en el aquí y en el ahora. ¿Has pensado cuántas horas al día pasas mirando tu celular? Las redes sociales, que tienen cosas excelentes, nos han atrapado en esa ventana que pareciera mirar a través del tiempo y el espacio. Estamos físicamente en un lugar, pero a través de esa pantalla nuestra mente está en otro lado o en otro momento; queremos hablar con personas que están en otros lugares, tal vez para planear actividades futuras. Esto provoca que no estemos presentes en donde estamos y con quien estamos.

No propongo que dejemos de usar esta tecnología para comunicarnos, pero sí quiero decirte que no debes permitir que el uso de estas herramientas te haga perder los momentos valiosos que suceden a tu alrededor. Por favor, busca acercarte, mas no alejarte de aquellas personas con las que convives en el día a día. Utiliza esta tecnología para lo necesario, no permitas que te robe tu presente.

Me pregunto si algún día te has tomado el tiempo de ver un amanecer con detenimiento, ¡es algo increíble! También me gustaría saber si sueles observar tu entorno, la naturaleza que te rodea, el cielo, las nubes, los árboles, el rostro de las personas y sus expresiones, si escuchas los sonidos del día. Todo ello es vivir en el presente y descubrir cada día cosas simples pero fantásticas, disfrutar los momentos que pasas en el trabajo, los momentos de ocio, la convivencia con compañeros, amigos y familia, así como la música que escuchas.

Hablando de música, quisiera hacerte unas pequeñas recomendaciones:

* Escucha música que eleve tu estado de ánimo.
* Cuida que las letras no sean historias de agresión ni denigrantes.
* Aunque no lo creas, el tipo de música que escuchas puede influir en cómo te sientes, cómo reaccionas, y el tipo de experiencias que provocas en tu vida.

Te dejo algunos ejercicios prácticos para que habites tu presente:

1. Practica el agradecimiento en la mañana y en la noche.
2. Trata de meditar un poco todos los días, de 5 a 10 minutos por lo menos.
3. Controla tus pensamientos; si comienzas a pensar en cosas que te ponen ansioso o preocupado, de manera consciente regresa a tu momento presente.
4. Haz respiraciones profundas y pon atención a lo que sientes.
5. Repite con frecuencia: "estoy aquí y ahora".

El presente es el único momento que en realidad existe, la vida está hecha de millones de "ahora", lo demás es una ilusión o un recuerdo. Te pido que comiences a crear un presente de completo disfrute, para que puedas vivir con mayor libertad quien eres y disfrutes donde te encuentras.

Libertad o libertinaje

Recuerdo cierta ocasión, cuando cursaba la universidad, que mi padre me dio una gran lección sobre la diferencia entre libertad y libertinaje. Un viernes por la noche fui a una reunión de amigos en la que bebí un poco, y al salir de la reunión, por no estar en total control de mis cinco sentidos, choqué en un cruce de calles. Gracias a Dios no fue un choque grave, aunque los autos sí se dañaron. Como pude llegué a casa a dormir e intenté que mis papás no se dieran cuenta de lo sucedido. Pero a la mañana siguiente cuando bajé a desayunar, papá me esperaba para aleccionarme sobre lo acontecido. Me comenzó a sermonear y a regañar por el choque, a lo que yo le contesté:

—Papá, soy libre de hacer lo que quiera, y si choqué yo sabré qué hacer.

—Hijo, una cosa es que hagas lo que tú quieras, y otra cosa es que por hacer lo que quieras, dañes a otras personas. ¿Qué habría pasado si otras personas resultaran heridas? ¿Si alguien hubiera perdido una parte de su cuerpo o incluso muerto, y todo porque tú te sientes libre de hacer "lo que tú quieras"? Ésa no es libertad, eso es irresponsabilidad y un gran egoísmo de tu parte —su respuesta me dejó frío.

Ese día quedó marcado en mi vida. Al recordar esa lección entiendo que la libertad y el libertinaje son diferentes. Libertad es vivir mi vida con responsabilidad y como yo decida, y libertinaje es cuando nada más importa lo que yo quiero y lastimo o daño a otras personas por ese egoísmo. Es muy importante que podamos entender la diferencia entre estos dos conceptos, ya que la libertad nos ayuda a **Vivir + Libres**, y el libertinaje, por el contrario, nos aleja de nuestra esencia.

El término "libertad" es complejo, porque tiene muchas aristas y algunas personas lo confunden. Con el paso de los años hemos modificado la libertad; incluso hay conceptos y movimientos que están ligados a este término. Por ejemplo, estoy seguro que has escuchado de la "liberación femenina", la lucha de la mujer por sus derechos, igualdad de condiciones sociales, laborales y salariales con el hombre, entre otras cosas. Posteriormente nacieron muchos movimientos que hablaban de libertad, uno de los más famosos ocurrió en Estados Unidos a finales de los años sesenta. El 15 agosto de 1969 arrancó el festival de Woodstock en Bethel, en el estado de Nueva York. Este concierto fue una de las cumbres del movimiento hippie. Más de 500 mil personas se dieron cita para proclamar lemas como "amor y paz" y "hagamos el amor y no la guerra", frases que reflejaban el contexto de hastío hacia la guerra que libraba Estados Unidos en contra de Vietnam.

En Woodstock se dieron cita varios íconos de la "libertad de expresión" como Jim Morrison, vocalista de la banda

The Doors, y Jimmy Hendrix, gran guitarrista afroestadounidense, entre muchos otros. El gobierno del entonces presidente de Estados Unidos, Richard Nixon, se oponía rotundamente a ese tipo de manifestaciones, porque unía varios reclamos sociales contra el racismo y la guerra al uso de las drogas y el alcohol. Incluso Nixon trató de persuadir a Johnny Cash, un cantante muy famoso de esa época, para que a través de su música orientara a sus millones de jóvenes seguidores. Sin embargo, Cash, consciente de lo que intentaban hacer con él, cantó una especie de poema que se titula "¿Qué es verdad?". Fue una bofetada con guante blanco para la clase política de aquel país, ya que esa canción cuestiona el uso de la fuerza pública, el racismo y la guerra.

Ahora bien, ¿cuándo nació el libertinaje? Éste es un término muy antiguo que también se ha empleado para señalar un "espíritu libre" en lo referente a la religión. Posteriormente se relacionó con la libertad de pensamiento, algo que las grandes religiones de todos los tiempos han rechazado una y otra vez. El libertinaje, tal y como lo entendemos hoy, es la antítesis de la libertad. La falta de reflexión y de razonamiento nos puede llevar a actuar de manera irresponsable, de forma egoísta. El libertinaje se refiere a un actuar basado sólo en sentirnos bien a costa de lo que sea, incluso de pisar y dañar a los demás.

Un ejemplo de libertinaje lo encontramos en la rebeldía de algunos jóvenes, quienes incluso buscan a propósito ir en contra de lo que sus padres, maestros y jefes les dicen, con el argumento de que son libres de hacer lo que quieran. Cuando atravesamos la juventud, experimentamos el deseo de probarnos a nosotros mismos, por eso retamos y cuestionamos todo lo que creemos que no debería ser como es. Esta rebeldía no es en sí algo malo o negativo, es una etapa normal del ser humano en la que al pasar de ser dirigidos y, en cierta medida, controlados por las reglas de la casa o de la escuela, surge la necesidad de sentirnos independientes. Por efecto natural, para encontrar el punto medio de todas las cosas, cuando estamos en un extremo y nos cansamos de estar ahí, nos queremos ir al lado opuesto para después hallar el centro. La etapa de la rebeldía es muy interesante y necesaria, porque es cuando empezamos a entender la importancia y necesidad de tener medidas y límites por conciencia propia en distintos aspectos de la existencia. En pocas palabras, muchas veces la libertad se entiende y se logra gracias a que experimentamos el libertinaje y sus consecuencias.

La libertad de expresión es un derecho humano y universal y, como tal, debe ser ejercido. Debemos ser libres de expresar lo que pensamos y sentimos, incluso tenemos derecho a diferir en ideologías y creencias con las que no estamos de acuerdo. Podemos y debemos expresar nuestras opiniones, reflexiones y formas de pensar, y sostener con fortaleza nuestras ideas y argumentos. Pero debemos hacerlo basados en el respeto a las diferencias, a las ideas de los demás y cuidando no dañar a otras personas, grupos o culturas, es decir, expresarnos con madurez y desde un sentimiento de libertad, no de odio e intolerancia.

Quien quizás supo definir la libertad correctamente, fue Benito Juárez García, presidente de México entre 1858 y 1872, cuando señaló que "Entre los individuos, como entre las naciones, el respeto al derecho ajeno es la paz". Es impresionante ver cómo esta frase, pronunciada el 15 de junio de 1867, ha trascendido de generación en generación. Con estas palabras, Benito Juárez nos mostró el camino a seguir, no sólo a los mexicanos, ¡a todo el mundo! Deja muy en claro que cada persona tiene el derecho de *autogobernarse y autodeterminarse.*

Entonces ¿cómo debemos entender y manejar la libertad? ¿Cuántas veces has escuchado frases como "es que así soy yo", "así nací", "me vale", "el que quiera, que me quiera", "a mí no me importa"? Y, por lo general, quienes así piensan terminan por lastimar a sus semejantes, sean sus hijos, su pareja, sus padres, hermanos o amigos.

Nuestra máxima debería ser "Ser libre no me da el derecho de agredir o lastimar a nadie". Todos merecemos respeto y tenemos los mismos derechos, somos iguales como seres humanos, no importa el cargo, la edad, la condición económica. Cuando trates a tus semejantes con respeto, lograrás empatía y aceptación; no lo dudes, es mejor actuar con respeto y siempre teniendo en mente lo que es bueno para todos.

Vivir + Libre es *saber respetar al otro y respetarse a sí mismo*, sin condicionar, sin pisotear a nadie. Eso representa una base sólida para nuestra educación y para el futuro que buscamos forjar; por ello, debemos eliminar por todos los medios posibles aquellos pensamientos que nos generen conflictos, tales como: "yo soy así, porque así nací", "¡me vale!", etcétera.

“La libertad está en ser dueños de la propia vida”, dijo Platón, pero habría que agregar “sin perjudicar a los demás”.

Hay muchas historias que se pueden contar acerca de la libertad, pero hay una en especial que siempre me ha atraído, la de Martin Luther King, Jr., pastor y activista, un hombre que buscó trascender los prejuicios racistas sobre el color de la piel. Peleó por los derechos de los afroamericanos en los Estados Unidos, durante los años en que fueron reprimidos, tanto en las ciudades como en las zonas rurales. El país seguía dividido, el sueño de Abraham Lincoln de lograr la unión aún no se concretaba. El discurso de Martin Luther King, “I Have a Dream” (“Yo tengo un sueño”), que marcó y sigue marcando a millones de personas de todo el mundo, fue pronunciado el 28 de agosto de 1963, en las escalinatas del Monumento a Lincoln, en el marco de la Marcha en Washington por el trabajo y la libertad. Aquí cito una frase de ese discurso que marcó:

Sueño en que mis cuatro hijos vivirán un día en un país en el cual no serán juzgados por el color de su piel, sino por los rasgos de su personalidad

Se trata, sin lugar a dudas, de un discurso que sacude la mente y nos ubica en un contexto general de respeto y de dignidad hacia todos los seres humanos, por encima de las razas y de la condición política, social y económica. Es una gran enseñanza para todos aquellos que queremos ser más libres. Te recomiendo que lo busques y lo leas completo. Se trata de una gran enseñanza para todos los que queremos ser libres

7 retos para vivir más libre

Los seres humanos necesitamos una meta para hacer algo, nos gusta retarnos para de alguna manera obligarnos a hacer aquello que queremos. Requerimos estructuras, reglas, lineamientos para andar el camino correcto que nos llevará a lograr lo que nos proponemos.

Por ello, creé los **7 retos para Vivir + Libre**. Se basan en siete importantes elementos que, te aseguro, te ayudarán a que te sientas mejor y a dejar algunos aspectos que te han frenado, así como a liberarte de emociones que no te permiten crecer. He adaptado un método, que no es nuevo, pero es muy útil y te permitirá cumplir estas tareas. Cada uno de estos retos dura una semana; te sugiero portar una pulsera de un color determinado para que así recuerdes lo que tienes que trabajar en esa semana. Estoy seguro que más de uno te preguntará sobre esas pulseras, lo que reforzará la idea y te enfocará, y por qué no, tal vez otros se unan a este movimiento y vivan una **Vida + Libre.** Te recomiendo comenzar la semana de los retos los lunes para que te sea más sencillo cumplirlos.

A continuación, te describiré en qué consisten los siete retos.

SEMANA 1. PULSERA DE COLOR ROJO

Reto: Dejar de quejarse

Dime con sinceridad a cuántas personas has escuchado quejarse sobre el clima, el dólar, el jefe, el nuevo gobierno, la suegra, la crisis, el costo de la vida, la delincuencia, la inseguridad, la gasolina, etcétera. ¿Crees que quejarse va a cambiar en algo la situación de esas personas? Algunos de ellos, con seguridad son de los que avientan la piedra y esconden la mano. La queja afecta nuestra mente, incluso nuestra salud; los estudiosos del tema, psicólogos y terapeutas, aseguran que se puede convertir en un vicio como el alcohol o el cigarro, algo bastante grave. Todos sabemos que siempre habrá motivos para quejarse, sin embargo, hacerlo no conduce a nada, en realidad es un hábito inútil. Por desgracia, mucha gente se suele aferrar a su manía de quejarse como si en ello le fuera la vida.

La primera razón de la queja es muy evidente, quien lo hace se siente insatisfecho con su realidad. La gente no se queja de la lluvia o del frío que le recorre los huesos, tampoco de la soledad o del mal momento que le provocó su hijo por la mañana, ellos se quejan de su vida, del gran vacío que sienten y de la falta de sentido en que están sumidos. Quienes se quejan se sienten atrapados por el destino y por sus malas decisiones. Una persona que se queja por todo es alguien que no ha encontrado razones que le den alegría ni satisfacciones por vivir.

La segunda razón es la costumbre. La queja es un mal hábito que se puede heredar de padres a hijos. Algunas personas asumen los lamentos de otros como parte de su comunicación y no conciben una conversación sin ella. Por eso es importante que cuando estés ante la presencia de tus hijos no te quejes, ni permitas que alguien más lo haga, ni aunque se trate de tus padres o abuelos. En algunos casos la manía de quejarse es crónica y puede agravar otros sentimientos negativos; si quienes se quejan no atienden este mal hábito, difícilmente sabrán cómo salir de ahí.

La tercera razón es el egocentrismo, la profunda soledad psicológica que se genera ante la falta de empatía con las demás personas. Quienes dan por hecho que merecen más que otros y cuando tienen lo que anhelaban estallan en quejas, lo hacen por egocentrismo. Por supuesto, estos individuos no son capaces de ponerse en los zapatos del otro ni de sentirse agradecidos. Muchas veces se quejan por llamar la atención, así parecen gritarle al mundo "aquí estoy, mírame, yo soy mejor que todos, primero yo". El egoísmo les impide avanzar, crecer, aceptar, valorar. Para ellos, si llueve se debe a que la madre naturaleza está en su contra.

SEMANA 2. PULSERA DE COLOR AZUL

Reto: Ser amable

Ser amable es mucho más que decir gracias, es mucho más que pedir las cosas por favor, es mucho más que abrirle la puerta al otro. Ser amable es una actitud ante la vida, es poder mirar a los ojos a los demás, hablar de frente, dar oportunidades a quienes te rodean, es dejar de verse a sí mismo y creer en la individualidad de todos, es respetar las batallas de los demás.

La amabilidad:
* Abre puertas.
* Derriba muros.
* Construye puentes.
* Es un valor que se debe transmitir de generación en generación.
* Es una actitud que debe mantenerse las 24 horas del día.
* Es amar a tus semejantes.
* Es ser caritativo.
* Es estar dispuesto y disponible para apoyar, para sumar.

La amabilidad es la mejor carta de presentación que tenemos para demostrarle al mundo que somos humanos.

SEMANA 3. PULSERA DE COLOR VERDE

Reto: **Dejar de criticar**

La crítica es un juicio intrínseco para tratar de destruir la voz de nuestros semejantes, es promulgar una declaración de guerra, es no escuchar a los demás, es dejar de ver la oportunidad que tienen otros para crecer, para experimentar. Criticar es menguar el derecho de otros a aprender. Por si fuera poco, quien critica no permite su propio desarrollo, ¡la crítica no suma, no aporta, siempre resta! Hay que diferenciar entre lo que es una opinión y lo que es una crítica; una es abierta y la otra es cerrada, una construye y la otra obstaculiza.

Es penoso que las redes sociales estén convirtiendo la crítica en una acción desmedida y cruel, ofreciendo a todo mundo la posibilidad de compartir puntos de vista y críticas a veces sin sustento ni experiencia. Aunque existen algunos filtros y métodos de control para eliminar los comentarios agresivos, tales como las frases racistas o sexistas, no se le exige a nadie que demuestre su conocimiento sobre tema alguno antes de escribir, tampoco se respetan diferencias de edad, sexo, ni se respetan la ortografía y la gramática.

La crítica es parte del bullying que viven todos los días los niños, la gente callada, las personas con capacidades diferentes. El resultado de tanta libertad para criticar resulta en información infundada, sucia y prácticamente inútil; es común toparse con mensajes adornados de insultos y frases despectivas que son producto del fanatismo o de la envidia. Es increíble ver que la gente se agrede entre sí para decidir quién es mejor entre dos artistas, actores, conductores de televisión, escritores, o por cosas tan absurdas como la superioridad de una marca de teléfono celular.

Todos podemos mirar una competencia de patinaje artístico por televisión o un concurso de destreza física o mental, pero muy pocos pueden opinar con conocimiento de fondo sobre el desempeño de los concursantes. Les ha pasado a muchos atletas, futbolistas, boxeadores, que la gente señala sus debilidades o virtudes a nivel técnico sin tener en cuenta todos sus esfuerzos para llegar a donde están. Sólo los que participan, los que están jugando o compitiendo saben por qué tomaron las decisiones que los hicieron ganar o perder; la gente olvida lo difícil que es ejecutar cada movimiento de una patinadora o de un boxeador, todos los entrenamientos que se necesitaron, y opinan de manera tan infundada. Créanme que, dentro de un contexto de congruencia y sensatez, cualquier persona estaría de acuerdo con estas palabras. *Pero la posibilidad de criticar tiene un atractivo poderoso*, tienta a propios y a extraños a decir lo que pensamos sin importar el dolor, la frustración o el enojo que provocamos en otros, aun cuando en el fondo sepamos que no tenemos la experiencia necesaria o sabiduría para aportar una idea constructiva o interesante respecto del tema que estemos juzgando.

SEMANA 4. **PULSERA DE COLOR BLANCO**

Reto: **Ser agradecido**

¡El agradecimiento nos da la posibilidad de recibir más!

¿Cuántas veces has recibido un favor y no lo has agradecido? ¿Cuántas veces te quedas callado ante el buen ejemplo de otros? He visto que la gente calla como si una buena acción fuera la obligación del otro, y ése es un concepto peligroso, porque raya en el egoísmo, en pensar primero en nosotros y no en los demás. Te voy a contar algo increíble, pero verídico, hace un par de años conocí el caso de una pareja de esposos que empezó a tener problemas por la falta de agradecimiento. Mónica no reconocía ciertas acciones de José y viceversa, a ella no parecía importarle, se quedaba callada y en apariencia hacía las cosas de la mejor manera; le molestaban otras situaciones, pero no la falta de agradecimiento. Sin embargo, para José no era lo mismo, en su casa, tanto sus padres como sus abuelos, eran muy agradecidos, era parte de una tradición. De hecho, al agradecer se miraban a los ojos y hacían una pequeña reverencia. José no pedía lo mismo, desde el principio supo que su mujer no tendría esos detalles. Varias veces intentó inculcarle a Mónica esa buena costumbre, pero por más que lo intentaba nada funcionaba. A veces le decía bromeando, otras veces se enojaba, hasta le reclamaba airadamente, ella sólo lo observaba y le decía que si a ella no le importaba que lo hiciera, a él tampoco debía de importarle que ella no lo hiciera. Ese argumento era válido para Mónica, mas no para José. Con el tiempo tomaron terapia con un psicólogo para que les explicara a los dos cuál era la mejor manera de sacar adelante su matrimonio, y adivinen qué, dar las gracias era una de esas maneras.

Ser agradecido nos conecta con un mundo superior, el universo debe de escucharnos decir ¡GRACIAS!

SEMANA 5. PULSERA DE COLOR NARANJA

Reto: **Dejar de envidiar**

La envidia es un sentimiento que nos destruye lentamente, nos limita para conectarnos con sentimientos más elevados. Desde los tiempos de Jesucristo se tenían bien estudiados la envidia, la codicia, los celos. Santiago, uno de los apóstoles, fue quien puso el dedo sobre la llaga cuando escribió en su Epístola 3:14-16: "Pero si tenéis celos amargos y contención en vuestro corazón, no os jactéis ni mintáis contra la verdad... Porque donde hay celos y contención, habrá perturbación y toda obra perversa". Una persona envidiosa puede cometer muchos errores, calumniar a otros por no tener lo del otro, ya sea el auto, la casa, el reloj, la fama o el poder. En la Biblia se habla fuerte del mandato y se advierte de las consecuencias devastadoras de los celos. En Santiago 4:2-3 se enfatiza: "Deseáis y no tenéis, así que matáis. Codiciáis y no podéis alcanzar, entonces lucháis y combatís, pero no tenéis lo que deseáis, porque no pedís. Pedís sin recibir, porque pedís mal, para gastar en vuestros deleites". De nuevo, aunque en el versículo se emplea el término "codicia" en vez de "celos", el fuerte mensaje comunica una verdad similar.

Cuida siempre el entorno en el que te mueves, las personas de tu círculo más cercano deben de ser personas libres de envidia, celos y con valores. ¿Por qué te comento esto? Porque las personas cercanas son las que vas a imitar, a seguir, así que mantente cerca de quien eleve tu percepción del ser humano, de gente que sepa encausar sus sentimientos de manera correcta.

SEMANA 6. PULSERA DE COLOR AMARILLO

Reto: **Saber perdonar**

El perdón es una bendición cuando lo sabemos dar, cuando lo aceptamos y compartimos. El rencor y la frustración cualquiera los puede sentir, eso es sencillo. El perdón sólo es para unos cuantos, para quien ha aprendido, para quien se quiere a sí mismo y valora el camino que ha recorrido y quiere seguir creciendo espiritualmente. Perdonar es dejar de cargar piedras, malestares físicos y mentales. A muchas personas les he comentado que el perdón nos ayuda a alcanzar nuestras metas porque aligera y nos enfoca en lo importante. Tal vez quieras un trabajo mejor para optimizar tus condiciones de vida, pagar tus cuentas, tener mejores relaciones o vivir en un lugar más agradable.

El perdón te ayuda a lograr todo.

Es bastante simple: si hay algo que no has perdonado en tu vida, esa parte de tu energía es prisionera del resentimiento. Los sentimientos negativos, como la ira, el dolor o el sufrimiento de algún tipo, nos mantienen presos. Por lo tanto, si no perdonas tus acciones y decisiones estarán limitadas, seguramente sentirás que avanzas poco o muy lento. Es como si trataras de arrancar un auto con el freno de mano puesto o pisando el pedal cuando la palanca de velocidad está en neutro. Al igual que en el tablero de un vehículo se muestra una luz roja para indicarte un problema, el corazón se siente afligido o descompuesto por cargar algún resentimiento. Todo eso te hace más lento, te frustra y hace que sea difícil seguir adelante.

SEMANA 7. PULSERA DE COLOR MORADO

Reto: Ser generoso

La generosidad nos da alegrías, nos proporciona enormes satisfacciones, llena vacíos en nuestra alma. Alguna vez una persona me hizo reflexionar acerca de la generosidad, él me enseñó que no se trata de dar cuando se tiene mucho, "eso lo hace cualquiera", dar cuando no se tiene, dar cuando hay limitaciones, eso es ser generoso, lo otro es una dádiva... ¡una limosna! Sin duda me dejó un gran aprendizaje.

La idea de la generosidad abarca muchos conceptos de nuestra vida, lo que somos, cómo pensamos, lo que hacemos, incluso cómo percibimos a la gente que nos rodea. Cada día debes de practicarla, da algo, no necesariamente tiene que ser dinero. Puedes donar tiempo a quienes necesiten ser escuchados, a alguna persona mayor, a tus hijos, a un hermano. Puedes apoyar en construir algo o compartir una porción de comida, tal vez una pizza a niños de la calle. Vaya, hay tanto por hacer, y lo mejor de todo es que ¡es contagioso! Compruébalo, es sencillo de hacer, yo lo he hecho muchas veces y sé que funciona. La gente tiene ese aspecto muy a flor de piel, a veces una pequeña motivación es suficiente incentivo para que reaccione y practique la generosidad.

¡La generosidad es un llamado a la abundancia!

Construye hábitos positivos

Un hábito es una costumbre, algo que haces prácticamente en automático. Antes de definir a fondo qué es un hábito, te doy el ejemplo perfecto: lavarte las manos. La mayoría de las personas en el mundo se las lavan las manos dos o tres veces al día. Si tú ya tienes el hábito, no lo piensas, sólo lo ejecutas, no divagas en "¿me lavo las manos o mejor me quedo un rato más en el sofá? ¿Tendré sucias las manos?". Tampoco preguntas a otros si debes hacerlo o no, ni siquiera Google o Siri te entenderán si les haces la pregunta, pero ¿cómo empezar a tener el hábito de pensar positivamente?

Hace tiempo dejaste de razonar muchas cosas que haces o aprendiste de niño, por ejemplo, lavarte los dientes es un hábito que formaste con los años, inclusive con amenazas o castigos de parte de mamá o papá. Ellos te ayudaron a crear una o varias rutinas, y hoy las haces de forma inconsciente. No se trata de acciones sobre las que te rompas la cabeza pensando, ni son decisiones complicadas de tomar, son parte natural de tu día, son acciones casi automáticas. Por eso, incluso cuando la rutina o el entorno cambian, como el día que te vas de vacaciones o cuando viajas a otro país, tú continúas con el hábito de lavarte los dientes.

Es obvio que el reto principal no es lavarte las manos o los dientes, claro que es importante, pero lo que tenemos que cambiar son nuestros pensamientos de negativos a positivos, tal y como lo aprendimos desde niños, al adquirir el hábito de cepillarte los dientes después de comer o lavarte las manos después de ir al baño.

Lo anterior nos revela dos cosas importantes en torno a un hábito: repites la acción tantas veces como sea necesario y se vuelve automática, un acto reflejo casi inconsciente.

Si quieres construir hábitos sanos, comienza a establecer rutinas que los incluyan para que tu cerebro los memorice y ejecute en el momento necesario.

Está científicamente comprobado, no hay trucos. Una acción repetida durante varias ocasiones crea una ruta entre tus neuronas, y se vuelve mucho más fácil y eficiente para tu cerebro ejecutar una acción repetida en el pasado que empezar una nueva. Lo puedes ver en los animales, en cómo entrenan a los chimpancés, a los perros, a los gatos, que utilizan el cerebro reptiliano, el más antiguo que poseemos y en donde se guardan las conductas aprendidas. Es por eso que debes de marcarte metas constantemente, cada día. Una vez que tengas claro a dónde quieres ir, haz lo que tengas que hacer para lograrlo.

Te voy a dar un ejemplo sencillo. Hace algunos años conocí a Juan M, un corredor de maratón. Él quería participar en una carrera de 42 kilómetros en el mes de agosto, tenía más o menos un año para prepararse. Era su primer evento con estas características, la carrera sería en la ciudad de Boston. Él sabía que sería una carrera agotadora y que competirían miles de personas. El maratón de Boston es una competencia emblemática de mucha tradición, es emocionante porque acuden los mejores del mundo, pero es larga y extenuante, donde observas paisajes citadinos hermosos y tienes el apoyo de miles de espectadores.

Juan M debía comenzar su entrenamiento cuanto antes para tener un mínimo de seis a ocho meses, en lo que su cuerpo se iría adaptando a las condiciones del clima, al desgaste, al consumo correcto de energía. Entre enero y febrero debía empezar con la carrera de 10 kilómetros, y mes a mes escalar las condiciones y la exigencia, para que en junio pudiera alcanzar los 42 kilómetros. A Juan M le quedarían dos meses para ajustar los detalles físicos, la alimentación, sus pensamientos, el tipo de ropa y calzado. Todo para que al momento de empezar el maratón estuviera acostumbrado a ese escenario. Así lo hizo y pudo completar su carrera y ello le dio gran satisfacción. Lo mismo sucede con alguien que quiere escalar el Everest, pero también con quien quiere poner un negocio, emprender una estrategia. Hay que moldearnos, ajustarnos, habituarnos a hacer cosas productivas, que saquen lo mejor de nuestra mente, sin miedos ni cuestiones que nos frenen.

¿Qué hábitos te gustaría construir?
Escribe cinco, para empezar.

1. ....
2. ....
3. ....
4. ....
5. ....

Ahora te voy a explicar siete hábitos que estoy seguro te van a ayudar a sentirte mucho mejor todos los días de tu vida.

1. HAZ DECRETOS DIARIOS Y SEMANALES

Debes de creer que cuando le hablas al universo, éste te responderá de alguna manera, de la misma forma en que le des razones para escucharte. Pero no pidas dinero, básate en el resultado, ¿qué vas a hacer con ese dinero? ¿A quién vas a ayudar? Es bastante conocida la Ley de la atracción, tus pensamientos crean ideas, las costumbres establecen rutinas y hablarle a tu subconsciente es la manera de conectarte con puntos más elevados de tu pensamiento. Usa el "yo soy" con sus distintas fórmulas, como *yo soy poderoso, yo soy el mejor en... , yo soy eficiente, yo soy creativo*, ya que nos ayuda a centrar nuestras ideas, nos enfoca e impulsa. Utiliza cada día un decreto poderoso, y a la semana uno que abarque tus objetivos, metas y proyectos. Aquí te dejo algunos ejemplos:

- Esta semana cerraré todos mis proyectos sin ningún contratiempo.
- Esta semana resolveré el problema tal con mi jefe.
- Este día sé que puedo ser yo quien marque la pauta en la oficina.

Practica con tus propias ideas, escríbelas, razona cada una y haz de ese momento algo realmente especial. No es ningún juego, coloca tus decretos en un lugar donde puedas verlos, en un pizarrón, en el celular, etcétera. Dilos en voz alta, sin miedo, ya sea en el coche, en el baño, en la calle, en la mesa; compártelos con tus hijos, con tu pareja. Utiliza tu creatividad y exprésate. No olvides seguir un objetivo, algo que sea medible y alcanzable.

2. SÉ UNA PERSONA POSITIVA

"¡Qué difícil es convivir con personas negativas!". Eso me dijo quien era mi jefe hace varios años al salir de una junta. Se nos hizo tarde por tratar de convencer a los vendedores de la empresa en la que trabajaba sobre las bondades de la estrategia de ventas. Los negativos del grupo se encargaron de frenar la actitud positiva de los otros, de los nuevos; le encontraban un pero a todo. En verdad la estrategia era buena, iban a ganar más, ciertamente las cuotas se incrementaron, sin embargo, eso ya se había presupuestado desde principios del año; fue una batalla sin cuartel, la publicidad no les gustó, hubo muchas opiniones contrarias. Fue muy tedioso revisar todo de nuevo, pero se hizo.

Desde entonces supe cómo son las personas así: problemáticas, quejumbrosas, negativas, siempre buscando lo malo, buscando decir "no se puede", y descalificando el esfuerzo hecho sin importarles cuánto tiempo le hayan dedicado otros al trabajo, a la presentación. Piensa por un momento qué sentiste cuando tu padre o tu madre o alguna figura de autoridad te descalificó por una tarea hecha, por un logro. Bien, recuérdalo para que tú no se lo hagas a nadie.

Hay una anécdota que se cuenta sobre Salvador Dalí que deseo que conozcas. Te ayudará a advertir la diferencia que hay entre ser una persona positiva y otra completamente negativa. Se dice que Salvador Dalí hacía sus primeros dibujos cuando tenía alrededor de diez años. Aquella tarde se sintió afortunado con su trabajo y buscó la opinión de su madre. Le pidió que viera su dibujo, le explicó que se trataba de un reloj aunque la perspectiva quizá fuera extraña.

La mujer observó el dibujo, lo inspeccionó al derecho y al revés, después se alejó de él tratando de encontrar la forma y el sentido de los trazos. Después de un rato tomó aire y le señaló tajantemente:

—Dibujas como los mismísimos ángeles, hijo, ¡felicidades!

—Gracias, mamá, seguiré pintando. Me gusta mucho, siento que puedo expresar lo que tengo en mi cabeza, en mi corazón.

Y bueno, todos sabemos que Salvador Dalí ha sido uno de los más grandes pintores que ha dado España al mundo. ¿Qué hubiera pasado si la señora Dalí le hubiera dicho algo negativo a su pequeño hijo? Algo así como: "Horrible, deja ya de hacer eso y mejor ponte a estudiar". Tal vez nos hubiéramos perdido de un gran artista. Esa pequeña conversación marcó su vida, tanto que Dalí fue quien narró esa historia durante una entrevista. En esa plática hay un gran aprendizaje que todos debemos atender.

Una persona positiva es bien recibida en todas partes, acepta sus errores y marca pauta para los otros. En lugar de aferrarse a ideas, creencias o personas que ya no son saludables, la persona positiva confía en su juicio para dejar de lado aquello que es negativo para su vida. Una persona positiva no espera a que sea un buen día, se pone en acción para que sea un buen día. No verás a este tipo de individuo esperando desde la barrera viendo pasar las oportunidades, va detrás de ellas y si espera, es porque reconoce que no es el momento adecuado para avanzar. Una persona positiva se involucra activamente en la construcción de su vida y realiza cambios para sentirse mejor en los momentos difíciles.

Alguien positivo acepta que el pasado debe quedarse en el pasado, y aprende de sus errores. Tampoco es de los que suspiran por los viejos tiempos, por lo general, se mantiene en constante aprendizaje y hace nuevos recuerdos. Las cargas negativas del pasado las canaliza como una lección aprendida, como el viento que lo empuja hacia un futuro mejor. Es fácil identificar a alguien positivo por su actitud abierta, receptiva, en los ojos, en las manos relajadas, por la postura de sus brazos. Es gente que no se centra en lo que los otros opinan de su vida. Las personas con esta característica no se dejan atrapar por sus limitaciones, se llegan a sentir motivadas todo el tiempo. Ellos pueden detectar con facilidad las posibilidades y saben cerrar círculos, algo que es muy importante para avanzar con claridad.

Mi padre siempre decía que "no hay una solución perfecta para cada problema, sino muchas soluciones". Eso es pensar de manera impecable, porque nunca dejó que sus temores interfirieran en su vida; incluso hoy a sus años no le molesta conocer nuevas cosas y experimentar con ellas.

Los fracasos son tus maestros, no dejes que ninguno de ellos te venza. Ser positivo no se trata de que todo el tiempo estés sonriendo, sino de que aprendas y enfoques tus recursos, impulsándote hacia el resultado. No tengas prejuicios y apoya a otros.

3. RÍE Y JUEGA

Cuando uno deja de divertirse todo sabe más amargo. ¡Es verdad! Si no disfrutas las cosas que haces todos los días algo estás haciendo mal, y eso complica muchas otras situaciones en tu entorno. No digo que todo debe ser diversión y carcajadas. La vida no es un juego. Existen, como ya lo hemos hablado, responsabilidades, pero al bromear (adecuadamente) todo cambia, porque la percepción de tu día a día mejora.

Recuerdo que en la primaria tuve un amigo llamado Antonio al que le gustaba chiflar. Parecía que llevaba la música por dentro, en el recreo lo hacía, cuando estudiaba en su casa también, su mamá decía que antes de dormirse se la pasaba silbando. Jugaba con los agudos y los graves, a veces sostenía una nota largo tiempo; tenía una gran capacidad, le gustaba la música y al respecto él decía "soy malísimo para cantar por eso mejor silbo". Había a quienes no les gustaba el silbido de mi amigo, y le reclamaban que se callara, pero él defendía a capa y espada su música, su arte. Trataba de no molestar a nadie. Pero noté que chiflar era para muchos una especie de ofensa... sobre todo si estaban enojados por algo y cuando escuchaban a alguien silbar con alegría se incomodaban e irritaban.

Lo más curioso es que mi amigo no aprendió a silbar de su padre ni de su madre. Vivió mucho tiempo con su abuelo y él silbaba constantemente; era contagioso, le alegraba la vida a su esposa y a algunos de sus nietos. Recuerdo que una maestra encaró a Antonio antes de entrar al salón de clase, le pidió que dejara de silbar porque no se podía concentrar. La mujer estaba de malas y cualquier esbozo de alegría externa le calaba hasta los huesos. Antonio supo respetar su solicitud, sin reclamar nada. A mí me dio pena el regaño. Pero al salir de clases y cruzar la última verja, de nuevo comenzó a silbar una melodía. El suyo es un ejemplo de sencillez. Recuerdo la cara de felicidad que ostentaba, era su manera de jugar, de ser feliz, disfrutaba mucho los sonidos. Antonio era un muchacho ejemplar, siempre sacaba buenas calificaciones. Hace algunos años me lo encontré en el aeropuerto, tuvimos la oportunidad de hablar y recordar algunas de las travesuras que hicimos, lo maravilloso que fueron aquellos tiempos. Hablé de su capacidad para silbar, él me sonrió y me dijo: "Lo sigo haciendo, me sigue divirtiendo tanto como antes, pero ahora tengo más audiencia. Me alegra el corazón saber que puedo aligerar el día a otros, creo que es contagioso".

Trata de encontrar una manera sana de divertirte, algo que te haga más llevadero los problemas, las situaciones adversas,

incluso tu actividad diaria: escucha música, juega ajedrez, toca un instrumento, baila bajo la lluvia.

4. DEDÍCATE TIEMPO

Uno de los más grandes aprendizajes de estos últimos años, fue dedicarme tiempo a mí. Es común que suceda que uno anda en negocios, compromisos, citas, proyectos, la familia y un sinfín de actividades. Pero la mente y la vida se te pueden ir en eso, porque el trabajo nunca acaba. A las mujeres les sucede también, y más si tienen hijos, las actividades no terminan, el hogar, las amigas, la empresa. Y si uno no hace una pausa, de repente llegan las enfermedades, los dolores de cabeza, musculares, la espalda tensa; vas con el médico y te dice que debes de tomar ciertas medicinas, también te receta descanso, y la respuesta que más escuchan los doctores es "no tengo tiempo".

Hace algunos meses, en un viaje por avión, conocí a una persona mayor. Calculo que el hombre tendría unos setenta años, se le miraba la piel cansada, los ojos brillantes. Cuando empezó a hablarme de sus hijos se le quebró la voz, su historia era como la de muchos norteamericanos, dedicado a la tierra, a su trabajo. Su esposa había muerto hacía un par de años, ¡trabajaron de sol a sol durante cincuenta años! Impresionante.

—¿Y qué es de sus hijos? —pregunté esperando una respuesta simple.

—Hace muchos años que no sé de ellos.

Su respuesta me dejó helado, no supe qué decirle, preferí escucharlo.

—Creo que nunca tuve tiempo para ellos, pasé demasiadas horas en el negocio, arreglando las cosas, la cerca, los problemas con los bancos. Mi hija es doctora y vive en Canadá, sé que le va bien. Me escribe de vez en cuando, anda siempre ocupada, se casó y tiene una niña. Me llena de tristeza que no he podido conocerla. El mayor no me habla —me dijo.

—Lo siento mucho.

—Yo más —concluyó.

Al aterrizar nos despedimos, fue una charla corta pero muy significativa. Aprendí que el tiempo se nos va en un abrir y cerrar de ojos, que las cosas cambian poco y uno es quien se desvanece con los años, y si no aprovechamos y disfrutamos de tiempo de calidad para nosotros y los nuestros, perdemos una gran oportunidad de **Vivir + Libres.**

5. ORGANIZA TU AGENDA Y CUMPLE TUS COMPROMISOS

De la experiencia anterior nació este punto. Es muy frecuente que nos convirtamos en apagafuegos, los tiempos se complican, surgen contratiempos, problemas, emergencias, dejamos de pilotear la nave y somos pasajeros nada más. Observamos lo que sucede a nuestro alrededor y eso nos convierte más susceptibles de perder el control y de irritarnos con mayor facilidad. ¿Qué hacer?

Lo primero es establecer prioridades, el método ABC es simple y lo puedes complementar con números, para después fijar áreas de responsabilidad. Así, A1 correspondería a lo más importante del día, A2 lo segundo en importancia, después usa la B1 y B2, y así consecutivamente, ahora aplícalas a cada área FAMILIA, NEGOCIO, HIJOS, SOCIOS, DIVERSIÓN, SALUD y establece prioridades. Es importante que cumplas cada compromiso, pero no te llenes de ellos, y sobre todo no incluyas nada que no puedas cumplir. Cada compromiso tiene una temporalidad distinta; los hay cotidianos, los de medio plazo y, por último, los de largo plazo, los que te pueden llevar un año, cinco o hasta diez.

Cuando la gente escribe muchas tareas y no las ejecuta en el plazo acordado pierde el paso y al día siguiente quiere recuperarlo, pero ahora en vez de tener ocho compromisos tendrá 14, y sucederá que la mente se alejará de la meta, por eso es importante cumplir, acatar los tiempos establecidos para cada tarea. Hay muchas formas de llevar una agenda, los teléfonos celulares pueden ser de gran ayuda. Busca la mejor aplicación y comprométete a llevar al día tu agenda.

6. LEER Y REFLEXIONAR

El conocimiento es la llave más importante que tenemos para abrirnos las puertas del mundo, y para adquirirlo se necesita estudiar, leer, entender y reflexionar el contenido de libros que nos aporten verdadero saber.

Algunas personas me han dicho:

—¡He leído diez libros este año!

—¿Y qué has aprendido de todos ellos? —les he preguntado emocionado.

—Bueno, algunos son novelas de misterio. He leído también un poco en inglés y ahora lo escribo mejor.

—Creo que debes de buscar libros que te aporten más conocimiento —les he sugerido.

Y es que ante esta situación lo mejor es encontrar contenidos de calidad. Trata de seleccionar temas que vayan en línea con tus objetivos, tanto los de corto como los de largo plazo. ¿Quieres ser piloto? ¿Abogado? Estudia y reflexiona todos los días sobre ello. Dale a tu mente contenidos de valor que te ayuden a crecer intelectualmente. El cerebro no tiene límites, descubre tu potencial con nuevos oficios, con nuevas maneras de pensar; tómate el tiempo necesario para progresar, para recapacitar cómo crecer.

En cada buen libro existe un tesoro, descubre cuál es, pregúntate ¿qué te ofrece? ¿Aporta o no aporta lo que estás leyendo? Tu tiempo es valioso, así que nunca olvides que es un recurso no renovable.

Lee y reflexiona, pues te ayudará a ubicarte, a evaluarte en el contexto adecuado. Busca lugares idóneos para hacerlo, con música suave, aromas agradables, silencios prolongados, el entorno de tranquilidad que el cuerpo necesita para lograr adentrarse en tu ser interior.

7. DUERME BIEN

¿Cuántas horas duermes al día? ¿Llevas control sobre ese punto? Ahora bien, una cosa es estar acostado y otra es dormir profundamente. Hay quienes tienen el sueño ligero, con cualquier ruido o movimiento se levantan; otros sólo se acuestan sin descansar, se llevan a la cama las tareas incompletas del día, y se la pasan piense y piense en eso. No descansan de la manera adecuada, su cerebro sigue trabajando por horas. Por eso es importante explicar que el sueño es un proceso biológico complejo que usa nuestro cerebro para procesar información nueva, mantenerse saludable y ayudar al cuerpo a sentirse descansado.

Existen distintas etapas del sueño, en cada una de ellas el cuerpo pasa por patrones de ondas cerebrales (actividad eléctrica en el cerebro). Todo entra en juego, no sólo la mente: la respiración, el ritmo cardiaco puede llegar a ser más rápido o lento en ciertas etapas, la temperatura se altera. Algunas fases del sueño son más profundas y ayudan a sentirse más descansado y con energía al día siguiente.

Las distintas fases del sueño te ayudarán a:

* Sentirte descansado y con energía.
* Retener información, reflexionar y formar recuerdos.
* Descansar el corazón y el sistema vascular.
* Liberar más hormona del crecimiento, que ayuda a crecer a los niños. También aumenta la masa muscular y la reparación de células y tejidos en niños y adultos.
* Liberar hormonas sexuales, que contribuyen al desarrollo en la pubertad y a la fertilidad.
* Evitar enfermarse y a acelerar la recuperación cuando se está enfermo, creando más citoquinas (hormonas que ayudan al sistema inmunitario a combatir varias infecciones).

Por todo lo anterior, dormir bien es clave para tu desarrollo y salud. Ahora te voy a recomendar algo que a mí me funcionó: deja en tu mesa de dormir o buró, un bloc de notas y una pluma, y dedica cinco minutos a vaciar tus pensamientos en el papel. Deja en blanco tu mente para que puedas liberar la energía correctamente. No veas televisión por lo menos media hora antes de dormir, y no permitas que noticias alarmantes se queden en tu memoria más cercana al presente. Cuida tus ideas, alinéate con pensamientos de paz que te den tranquilidad.

Agradece por el día vivido y repite tus decretos positivos antes de dormir. Una oración siempre es buena para dejar tu mente tranquila y tener un descanso reparador.

Para construir hábitos de acuerdo con lo explicado en este capítulo, te invito a tomar tu cuaderno de notas y hacer un plan:

1. Con base en el método ABC, establece tus prioridades en cada una de las siguientes áreas de tu vida:
   - Familia
   - Trabajo
   - Salud
   - Desarrollo Personal
   - Entretenimiento
   - Descanso
2. En cada rubro escribe al menos tres cosas por hacer.

3. A cada una de estas tareas asígnales fechas próximas de ejecución con base en un plan de 21 días.
4. Revisa semanalmente tu avance.
5. Date tiempo para observar cómo te sientes y escribe sobre ello.

Atraes lo que eres, no lo que quieres

En el primer capítulo te hablé del pentágono de la libertad personal, que está compuesto por los siguientes aspectos:

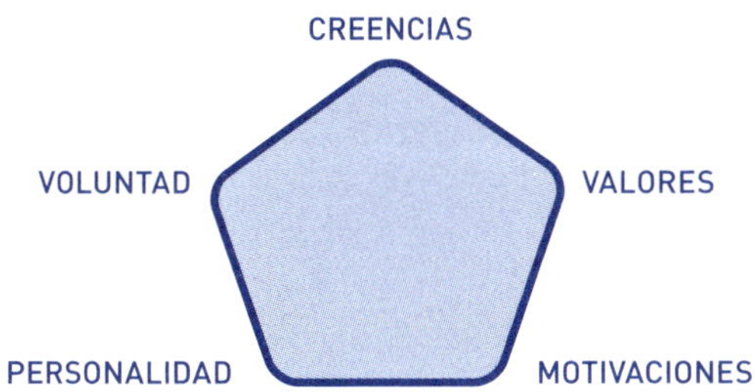

Siempre nos han vendido la idea de que atraemos lo que queremos, pero éste no es un concepto tan simple como parece. Si así fuera, imagina dónde estarías ahora. Si es así de simple, ¿por qué aun no obtienes aquello que tanto anhelas? Todo se basa en lo que tú eres en realidad, ¿te has puesto a analizar esto a fondo? Por eso es muy importante observarte y comprenderte en toda tu composición, porque recuerda que para cambiar algo hay que entenderlo primero.

Este capítulo está pensado para que conozcas más sobre ti mismo y sepas el porqué de tu forma de actuar, de sentir y de pensar. No dejes de leer, de hacer los ejercicios y concéntrate en comprender cada punto. Dicho lo anterior, ahora toca ahondar en cada uno de estos conceptos.

CREENCIAS

El concepto de creencia tiene muchas acepciones y eso lo hace complejo. Muchas veces no sabemos qué hacer con las creencias, cómo contrarrestar su influencia en nosotros cuando no es benigna. Además, son difíciles de cambiar y muchas veces tienen arraigo en generaciones atrás. A veces son ideas ajenas insertadas, otras ocasiones nos posibilitan volvernos conscientes y otras tantas somos capaces de construirlas.

Por lo general, existen dos clases de creencias: las normativas y las que no lo son. De ahí se derivan las creencias descriptivas o, por el contrario, las que indican la dirección en la que deben ir nuestras acciones. ¡Imagínate lo importante que es este punto!

Por lo anterior, podemos distinguir entre creencias descriptivas y creencias morales. Las descriptivas son asumidas sin ningún filtro de por medio, como una calca de que lo que "pensamos" sucede en realidad: muestran el presente, lo queramos o no. Por ejemplo, hay personas que creen que la evolución de las especies sigue una lógica por la cual los individuos deben combatir entre sí para sobrevivir, mientras que otras creen que la evolución crea contextos en los que quienes sobreviven son quienes más colaboran.

Las creencias que rayan en la fe, inculcadas por medio de la religión, son aquellas que nos dicen lo que está bien y lo que está mal, de acuerdo a cierto dogma. ¿Quién irá al infierno y quién al cielo? Por ejemplo, según ciertas creencias, es pecado desobedecer a nuestros padres, y ello es condenado; y para obtener el perdón, te tendrás que confesar.

Muchas de nuestras creencias se activan en automático, inconscientemente, y traen consigo cargas positivas o negativas. Inclusive algunas de ellas, nos pueden salvar de situaciones peligrosas, como por ejemplo las que se refieren a la cultura vial: "si tomas no manejes", "con la vida no se juega", "ayuda a quien no pueda conducir, pídele un taxi o maneja tú si estás bien", "el exceso de velocidad puede producir la muerte", "cuídate de las calles solitarias", "no vayas a un cajero solo a altas horas de la noche", etcétera. Hay consejos y creencias que son advertencias depositadas en nuestro cerebro por las experiencias de nuestros conocidos, y, por lo general, aparecen en el momento idóneo y nos enseñan cómo actuar, qué hacer y qué no hacer.

También, dentro de las creencias, se encuentra nuestro autoconcepto. La forma en cómo creemos que somos ante los demás está muy relacionada a la autoestima y a las expectativas que nos hemos generado a través de los años. Por desgracia, existe el autoengaño, a menudo la gente se cree sus propias mentiras, y puede vivir de esa manera muchos años, así como afectar a terceros y a su entorno inmediato. Te voy a contar una pequeña historia de la vida real.

Hace varios años jugué futbol, y por aquel entonces tenía un amigo al que le gustaba hablar de sus hazañas. No jugaba mal, era considerado de los "buenos". Se llamaba Manuel N. Él tenía algunos conocidos en el club Atlas y lo invitaban a jugar a varias ligas. En aquel tiempo Rafa Márquez militaba en ese club de Guadalajara, poco después inició su carrera internacional con mucha fortuna cuando fue llevado al Mónaco, donde fue campeón. Manuel N nos mencionó después de un partido que "alguien" lo había recomendado con el agente de Rafa y que lo invitaba a Europa a probarse. Nadie de los que lo conocíamos creyó su historia, pero él se la pasó dos meses juntando para el viaje; no tenía dinero y encima se la pasaba haciendo malos negocios. Durante un juego alguien comentó que Manuel se había ido al viejo continente con Rafa, según dijo vivirían juntos mientras probaban a Manuel varios equipos de allá. Total que estuvo desaparecido tres semanas, hasta que nos lo encontramos. Nos dijo que había estado en Europa, pero que lamentablemente tuvo un problema muscular y no alcanzó a recuperarse. Todos le pedimos alguna prueba de que estuvo con Rafa, boletos, fotos del viaje; vaya, era algo espectacular para todos. Pero Manuel nunca pudo presentarnos nada, sólo una playera del Atlas autografiada por Rafa Márquez. Se ganó la fama de mentiroso, sin embargo, él no dejaba de insistir en su supuesto viaje a Europa. Incluso hoy, que han pasado tantos años, no ha cambiado en nada su historia. Por cierto que un primo suyo nos contó que durante esas tres semanas, Manuel estuvo en casa de su abuela en Tala, Jalisco, para que todos pensáramos que estaba en Europa.

El autoconcepto es la idea que hemos desarrollado de nosotros mismos; debemos de crear expectativas que nos favorezcan, no que nos destruyan.

VALORES

Este tema me recuerda a mis abuelos, a esas largas charlas en las que se vertían los conceptos más importantes de nuestra existencia. Ellos nos narraban sus historias y en ellas dejaban ver con claridad lo valioso dentro de nuestra estructura como seres humanos: el respeto de los mayores, ceder el lugar, no comer de más, etcétera. Muchas de estas historias estaban ligadas a los diez mandamientos, claro que no se decía eso abiertamente. Después, en la escuela, los maestros continuaban la enseñanza. "Valor" era la palabra de moda. Aquí te enumero algunos de los valores más recurrentes:

* Honestidad.
* Sensibilidad.
* Gratitud.
* Humildad.
* Prudencia.
* Respeto.
* Responsabilidad.

Los valores se pueden dividir en cuatro grandes ramas:

Culturales. Los que abarcan un país o una región del mundo.

Sociales. Los que permean una sociedad o un grupo de individuos que habitan en una región o país.

Familiares. Aquellos que se promueven en el interior de la familia.

Personales. Los que has hecho tuyos a través de los años.

Ahora te quiero preguntar ¿con base en qué valores vives? ¿Cuáles son los cuatro más importantes que te acompañan en tu vida diaria?

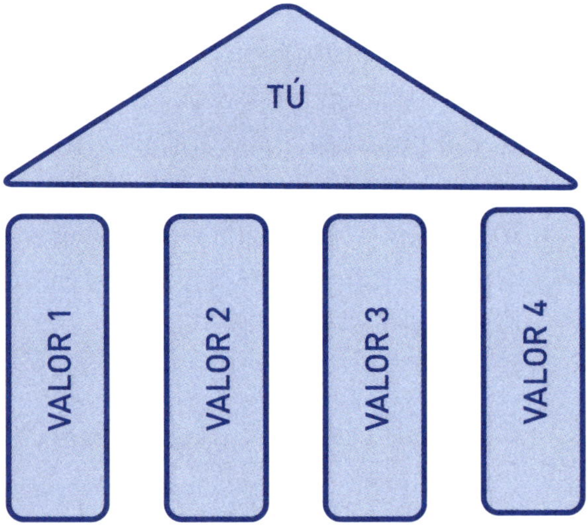

En una tarjeta que quepa en tu cartera escribe, con el formato de las columnas anteriores, ¿cuáles son los cuatro valores más importantes para ti? Reflexiona sobre ello y guarda la tarjeta en tu cartera, para que lleves contigo el recordatorio de tus cuatro valores primordiales.

Date cuenta de que cada uno de estos valores es uno de los pilares que forman tu propia construcción, es decir, a ti.

MOTIVACIONES

Las motivaciones son fundamentales para nuestro desarrollo. Se refieren a aquellas cosas que consciente o inconscientemente mueven nuestras acciones y nos dan el impulso para avanzar en la vida y hacer lo que hacemos. Es muy importante que tengas conciencia de cuáles son las motivaciones detrás de lo que llevas a cabo, así como de las experiencias que decides vivir. Es triste ver que la mayoría de las personas no son conscientes de sus motivaciones; por eso vemos gente que vive día a día en una especie de sinsentido.

Es fundamental conocer tus motivaciones, pues podrías estar motivado por causas negativas como el resentimiento, la envidia, el querer ser reconocido, inseguridad, baja estima y demás. Se trata de aspectos que nos activan sin darnos cuenta y que nos colocan en experiencias de vida no tan agradables, y nos pueden provocar estados de ansiedad, tristeza y hasta depresión. Pero si logramos trabajar de manera consciente nuestras motivaciones, podemos ser impulsados de manera positiva por aspectos como la generosidad, el amor, la alegría, generar bienestar para mí y para las personas que quiero y están a mi alrededor, o bien estar motivados para hacer un bien a la sociedad, transformar conciencias, mejorar la vida de más personas, etcétera.

Si sientes que te faltan motivaciones, o estás en un momento de tu vida en el que no sabes hacia dónde vas, ¡no te preocupes!, es normal que nos suceda. Lo que sí te pido es que decidas en este momento salir de ese estado y comenzar a crear y visualizar motivaciones que mejoren tu calidad de vida, traigan más alegría y bienestar para ti y los que te rodean.

Reflexiona y escribe tus motivaciones negativas. Después escribe de manera consciente cuáles deben ser tus motivaciones positivas para que tomes el control de tu vida.

Motivaciones negativas

Motivaciones positivas

PERSONALIDAD

La personalidad es aquello que sentimos que somos, aquello que proyectamos hacia el mundo y con lo cual los demás nos identifican. Se refiere a nuestra forma de ser, cómo nos comportamos, cómo nos relacionamos, cómo reaccionamos ante distintas circunstancias, nuestros gustos, tendencias y características personales. Seguro te ha pasado que identificas a tus compañeros de trabajo, amigos, compañeros de la escuela y familiares por su forma de ser: si son tranquilos, enojones, fiesteros, serios, alegres, etcétera. De esa manera, también te identifican por tu forma de ser y según tu personalidad se relacionan contigo. Es común que nos pongan apodos o que los pongamos a otros de acuerdo a la personalidad de cada quien.

En esencia, la personalidad está compuesta por dos aspectos principales, carácter y temperamento.

Carácter

El carácter se forma de acuerdo al contexto social, cultural y familiar que nos toca vivir. Según las experiencias que experimentamos nuestro carácter se va moldeando de una u otra manera. Si nos tocan experiencias difíciles o retadoras, es probable que tengamos un carácter más duro. Si tenemos experiencias ligeras, seremos de carácter más tranquilo. El carácter puede cambiar a lo largo de nuestra vida según lo que vivamos. Tal vez de niños y de jóvenes llevamos una vida tranquila y desarrollamos un carácter suave, pero de pronto llega un suceso fuerte, una muerte, una traición, un quiebre emocional o financiero, pues eso puede cambiar nuestro carácter a uno más rígido y cerrado. Lo importante es saber que tenemos el poder y la capacidad de moldear conscientemente nuestro carácter, y que además somos responsables de ello. Por lo tanto, te invito a que definas de forma consciente trabajar tu carácter, ya que éste te ayudará a relacionarte mejor con las personas y las circunstancias que te toquen vivir.

Temperamento

El temperamento es una característica con la que prácticamente nacemos, como si la trajéramos precargada en nuestro sistema. ¿A poco no te ha pasado que quien te conoce desde bebé te ha dicho algo como "siempre fuiste así de necio" o "siempre fuiste así de alegre" o cualquier cosa parecida? Pues eso tiene que ver con tu temperamento, una de las características más fuertes que definen cómo reaccionamos en general ante la vida. Es interesante ver cómo, dos personas que viven una misma circunstancia reaccionan de manera distinta.

Describiré de forma sencilla y corta los cuatro temperamentos básicos y espero que puedas identificar cuál es el que más te define. Te invito a que investigues por tu cuenta más a fondo el tema, ya que hay mucha información disponible al respecto y no es el foco central de este capítulo. Se dice que tenemos un temperamento principal y uno secundario, es decir, uno es el que nos rige y otro nos influye en algunos momentos de nuestra vida. Los cuatro temperamentos son:

* **Colérico:** Es el que tiene la fuerza del líder, del impulso, de los proyectos, y por otro lado es aquel que es impaciente y, como se dice, "de mecha corta".
* **Sanguíneo:** Es el que hace amigos con facilidad y en cualquier lugar saca platica con un desconocido, es de vida social activa y muy amiguero.
* **Flemático:** Es el que nada se lo toma tan en serio, no es muy preocupón. Se dice comúnmente de quien tiene este temperamento que "todo se le resbala", que si es de un color u otro, le da igual.
* **Melancólico:** Es el que tiende a ser por un lado muy inspirado, gusta del arte y de estar solo. Por otro lado, puede ser muy dramático y tiende a tener inestabilidad emocional

¿Por qué es importante que conozcas esto? Porque tendrás mayor conocimiento de ti mismo, y en esa medida podrás controlar tu inteligencia emocional y tus reacciones para construir tu experiencia de vida. Mientras más conozcas tu personalidad, mayor seguridad tendrás en ti para **Vivir + Libre.**

Voluntad

La voluntad es la capacidad del ser humano para autodirigirse. La voluntad es una fuerza increíble que todos tenemos para emprender, iniciar, mantener y sostener decisiones, hábitos y acciones que construyan realidades más positivas. Es la fuerza con la que contamos para cambiar las circunstancias que no nos gustan, para redirigir el rumbo de nuestra vida. La voluntad debe ejercerse de manera libre y consciente. Nos lleva a la toma certera de decisiones, con la confianza de que lo decidido es, de alguna manera, lo que necesitamos para transitar nuestra vida con fortaleza y generando impactos positivos a nuestro alrededor.

La voluntad es el ingrediente para hacer que los otros cuatro aspectos del pentágono de la libertad personal funcionen. Nos da fuerza para decidir:

a. Dejar viejas creencias, crear las nuevas y ponerlas en práctica.
b. Vivir en congruencia con los cuatro valores que definimos como nuestros pilares, y no ceder ante cualquier tentación de fallarnos a nosotros mismos.
c. Crear motivaciones constructivas y positivas, y ser fieles a ellas para mantener estados de alegría y sentimientos de satisfacción y logro.

d. Trabajar con nuestra personalidad y formar un carácter adecuado para vivir la realidad que deseamos.
e. Saber utilizar nuestro temperamento a nuestro favor.

Así, la voluntad se convierte en un factor medular de nuestra existencia, ya que nos llevará a sostenernos ante las adversidades, los problemas y convertirlos en oportunidades reales de crecimiento personal y espiritual.

Para cerrar este capítulo debo de darte un ejemplo histórico que se remonta a la época colonial en Estados Unidos, cuando era una nación naciente, con grandes personajes. Me refiero a los tiempos de Benjamin Franklin y George Washington, considerados padres fundadores de los Estados Unidos de América. Dicen los historiadores que se hicieron muy amigos y que durante una etapa de sus vidas se consultaban muchas cosas. La nación crecía y había muchas ideas nuevas circulando por las diferentes esferas políticas del país. En su juventud, Franklin creía en los valores y en la disciplina, y una tarde decidió volcarlos al papel. Él se pensaba un hombre virtuoso, por sus talentos y su poder de convencimiento.

Aquí la lista que hizo:

1. **Templanza.** No comer hasta el hartazgo ni beber hasta la exaltación.
2. **Silencio.** No hablar más de lo útil para los demás y para uno mismo. Evitar las conversaciones insustanciales y frívolas.

3. **Orden.** Dar un lugar a cada cosa y asignar un lapso razonable a cada ocupación.
4. **Resolución.** Resolver lo que se debe hacer, y hacer sin falta lo que se resuelve.
5. **Frugalidad.** No hacer gastos que no beneficien al prójimo y a uno mismo; no desperdiciar nada.
6. **Laboriosidad.** No perder tiempo. Estar siempre ocupado en alguna labor útil. Suprimir las actividades innecesarias.
7. **Sinceridad.** No valerse de engaños perjudiciales. Pensar con buena fe y justicia, y hablar con esa intención.
8. **Justicia.** No dañar a nadie ni injuriarlo. No negar los beneficios de que uno sea deudor.
9. **Moderación.** Evitar cuidadosamente los extremos. No resentirse por las injurias más de lo que éstas merezcan.
10. **Limpieza.** No tolerar la suciedad en el cuerpo, ni en la ropa ni en la casa.
11. **Tranquilidad.** No preocuparse por tonterías o accidentes comunes e inevitables.
12. **Castidad.** Usar los placeres del sexo solamente para regular la salud o crear una familia; nunca por lujuria en perjuicio de la propia paz y reputación.

Franklin sentía que le faltaba un valor más a su lista. La repasaba una y otra vez, y reflexionaba. No se sentía satisfecho; entonces buscó a su amigo George Washington para preguntarle acerca de cada uno de los valores que había elegido. Juntos revisaron el documento, y al final Washington le dijo que, desde su perspectiva, faltaba un valor que él consideraba muy importante. Y se lo escribió en el documento.

> 13. **Humildad.** Imitar en lo posible a Jesús y a Sócrates.

Algunos años después se volvieron a encontrar. Franklin había hecho una vida impecable, tenía muy buena reputación y la gente lo admiraba mucho, incluso se rumoraba que sería elegido presidente de Estados Unidos. La gente apostaba que sería un hombre ejemplar para todos. Washington se forjó como un hombre sencillo pero eficaz en la política, que deseaba lo mejor para su país. La charla que tuvieron durante su encuentro fue por demás asombrosa. Eran tiempos electorales y tenían que decidir quién sería el primer mandatario de la nación.

—La gente te quiere a ti, Franklin, más que a mí, eres admirable en muchos sentidos y has llevado una vida digna, apegada a las virtudes que escribiste. Te felicito, amigo —dijo Washington.

—No seré yo el primer presidente de esta nación, George, serás tú. De las virtudes que redacté nunca pude seguir la última que tú escribiste, amigo, y el pueblo requiere de alguien como tú, de una persona que sepa ser humilde para gobernar. Ésa es mi decisión.

Fue así como George Washington llegó a la presidencia, pues su amigo Franklin prefirió hacerse a un lado y cederle ese lugar en la historia. Con esto te quiero decir que cada uno de nosotros llevamos nuestros propios valores, virtudes, enseñanzas, legados y que debemos ser defensores de ellos con nuestros hijos y con el entorno donde convivimos, para así ser realmente personas más libres.

¿Cómo ser congruente entre lo que pienso, siento y hago?

Para hablar de esto es importante entender un poco más a fondo nuestra composición como personas. Muchas veces hemos escuchado que debemos ser congruentes entre nuestros pensamientos, sentimientos y acciones, y eso nos ha hecho creer que debemos dejarnos llevar por el impulso que genera cualquiera de estos tres elementos, y que los otros dos seguirán al primero. Pondré un ejemplo sencillo para explicarlo, si siento ganas de comer entonces sólo pienso en ir por algo que se me antoja y cuando lo compro, me lo como.

Otro ejemplo sencillo, que tal vez a todos nos ha pasado, es cuando estamos tristes y sentimos la necesidad de levantar el ánimo aunque sea por un momento; entonces vamos al centro comercial a comprar algo que llene ese vacío emocional y nos produzca dopamina, la sustancia que el cuerpo produce para hacernos sentir un poco mejor. ¿Te ha pasado?

En otras ocasiones estamos demasiado contentos por algo, y tenemos una emoción tan fuerte que podemos tomar decisiones por impulso, y de las cuales muchas veces nos arrepentimos. Decidimos tal o cual cosa porque en ese momento tuvimos el impulso de hacerlo sin pensar en las consecuencias.

Vivir + Libre no se trata de dejarse llevar sin pensar o de sentir o hacer algo sin responsabilidad. Por el contrario, se trata de desarrollar la conciencia, el razonamiento y el discernimiento adecuados para que nuestra vida fluya siempre con bondad y armonía, para poder sentirnos en paz, satisfechos y con muy pocas cosas o ninguna que lamentar.

Cuando se trata de sentimientos, la cuestión se torna más compleja. Estoy seguro de que muchos eventos nos han sucedido sin pensarlo, sin darnos cuenta, y eso provoca que no entendamos por qué experimentamos una situación determinada, o por qué hemos construido una realidad que no es precisamente la que queremos, o en el mejor de los casos, que haya cosas que sí nos gustan de nuestra vida, pero otras que ¡definitivamente no! Durante muchos años viví solo y me volví un hombre independiente, y, como se dice comúnmente, me hice a mi modo y con mis ideas. Esto me provocó mucha dificultad para encajar bien con una pareja, ya que todo lo evaluaba en función de cómo hacía yo las cosas y lo que para mí era lo correcto. Pero de pronto decidí, mentalmente, cambiar y volverme más flexible. Quería probarme a mí mismo que podía ceder y tener esa flexibilidad. Comencé una relación con una novia en la que el motivo, del cual no era totalmente consciente, era abrir mi mente y esforzarme por ceder en muchos aspectos. No duramos mucho, pues mi emoción no se alineó con mi pensamiento. Con esto me pude dar cuenta de la falta de concordancia entre mis ideas y mis emociones, y es que no tenía claro qué era lo que quería experimentar en una relación. Me dejé llevar por lo que decían mis amigos y familiares, y que tenía que ser más abierto y flexible. Fue entonces cuando comprendí que tenía que visualizar lo que deseaba en realidad. Para ello, trabajé en un esquema de tres puntos que me ayudó a avanzar en ese sentido y a encontrar a la persona correcta. Te muestro aquí el esquema de los tres puntos o niveles que usé para obtener un matrimonio que me hace sentir bien:

* Aspectos no negociables.
* Aspectos negociables.
* Aspectos deseables.

ASPECTOS NO NEGOCIABLES

Lo no negociable son aquellos aspectos que son parte de ti, de tu esencia y forma de ser, y que no estás dispuesto a cambiar, no por egoísmo, sino porque te orillaría a dejar de ser auténtico y terminaría por desgastarte. Provocaría una dolorosa ruptura o, en el peor de los casos, una vida cargada de vacíos y resentimientos. En este punto hay aspectos de naturaleza emocional, hábitos, costumbres. Una vez entendido esto, piensa y escribe en una hoja que puedas guardar en un lugar, y de la cual sólo tú sepas lo siguiente:

1. ¿Qué aspectos de mí no estoy dispuesto a cambiar?

----

2. Si cambiara esos aspectos, ¿cómo me sentiría?

ASPECTOS NEGOCIABLES

Lo negociable es aquello que estás dispuesto a cambiar. Los aspectos que por amor y por una sana convivencia puedes transformar sin sentir que pierdes tu dignidad, que no afecte tu autoestima y que mejore la convivencia en pro de un desarrollo duradero de tu relación. No hay un número límite o promedio de aspectos en este ejercicio. Ahora, reflexiona y escribe en la misma hoja lo siguiente:

1. ¿Qué aspectos estoy dispuesto a cambiar para hacer crecer mi relación?

2. ¿A qué estaría dispuesto a renunciar en pro de mi relación sin que afecte mi dignidad personal?

ASPECTOS DESEABLES

Lo deseable es lo que te gustaría que tuviera tu pareja, o lo que quisieras vivir en tu relación. Puedes enlistar aspectos de todo tipo. Imaginar cómo deseas vivir te dará muchas pautas para construir una relación fuerte. Si recién vas a elegir con quién compartir tu vida, esto te ayudará. Si ya tienes tiempo en una relación, este ejercicio contribuirá a confirmar o a transformar lo que vives y a tomar decisiones para el futuro. Te recomiendo que si ya tienes una vida de pareja, compartas el ejercicio con ella para construir en conjunto lo que tú y ella quieren. Ahora, en la misma hoja enlista todo lo que desearías o desearían para su vida de pareja y contesta también las siguientes preguntas:

1. ¿Cómo te imaginas siendo feliz y construyendo lazos fuertes que sostengan tu relación a través del tiempo?

----

2. Si en algún punto no se cumple eso que deseas, ¿qué estarías dispuesto a hacer para mejorar, transformar o evolucionar?

Con cierta frecuencia algunas personas me buscan para hablar sobre las situaciones difíciles que afrontan en sus relaciones de pareja. Aunque estas historias transcurren distintos escenarios y circunstancias, al final todas presentan los siguientes factores en común.

Ambas partes:

* Se relacionan desde el miedo y no desde el amor.
* Tienen poca claridad en lo que quieren para sus vidas.
* Carecen de límites, reglas y acuerdos.

Estos tres aspectos están por completo interrelacionados. Si lo piensas un poco, cuando no se tiene una autoestima sana, se pueden aceptar muchas cosas por miedo a no ser querido, a vivir solo, a cambiar, o por más temores que cada una o las dos partes experimentan. Si no tienes claridad en lo que quieres y no quieres para tu vida, difícilmente podrás establecer límites, poner reglas y llegar a acuerdos en tu relación, lo que provocará que te relaciones desde la carencia y no desde tu fortaleza.

Como lo dije al principio del capítulo, es muy importante conocer nuestra composición personal para llegar a vivir la tan anhelada congruencia entre lo que se piensa, se siente y se hace.

Trataré de explicarte con algunos términos y un esquema cómo es esa composición. Después de estudiar varios años la composición humana, desde distintas corrientes de pensamiento psicológico, filosófico y religioso, pude entender que todos tenemos siete niveles en nuestra composición, pero para hacerlo más práctico lo reduciremos a cinco.

Ahora te explicaré cada uno de estos niveles; para ello, empezaré de abajo hacia arriba. Te ayudará a entender un poco más lo que hemos abordado, así como tu manera de actuar, y por supuesto, te dará herramientas para que puedas, de forma consciente, dirigir tu vida.

NIVEL FÍSICO

En este nivel no hay mucho que explicar, se trata de reconocer que un cuerpo físico es lo que te permite experimentar el mundo. Este cuerpo es toda la materia que compone tu organismo y necesitas darle cuidado. Es tu medio para relacionarte con lo que te rodea. Requieres alimentarlo, asearlo, ejercitarlo y mantenerlo en la mejor condición posible.

NIVEL ENERGÉTICO

¿Te has puesto a pensar de dónde saca energía tu corazón para latir? ¿Qué es lo que le da energía a todo tu organismo para funcionar? Ninguno de nosotros tenemos un compartimento para colocar baterías y hacer funcionar nuestro cuerpo. Este nivel es el que nos mantiene vivos y pocas veces tenemos conciencia de él. Todo afecta positiva o negativamente nuestro nivel de energía: lo que comemos, la actividad física, el descanso, lo que sentimos y lo que pensamos. Hay personas sobre las cuales nos preguntamos ¿de dónde sacan tanta energía?, o también hay de quienes no podemos entender su estado de ánimo tan bajo. Por ejemplo, mi amigo y gran conferencista internacional y "sanador de vidas", el Dr. César Lozano, a pesar de tanto trabajo que tiene, tantos viajes, desveladas y desmañanadas, siempre lo veo con tanta energía que me impresiona. La respuesta para mí es fácil, ¡ama lo que hace! y por ello tiene tanta vitalidad. Mi intención es que tomes conciencia de que debes cuidar cómo vives, para que tu nivel de energía sea bueno y tengas una vida saludable en todos los sentidos.

NIVEL EMOCIONAL

Somos seres con una fuerte respuesta a nuestros estados emocionales. Antes que nada debemos reconocer nuestras emociones positivas y negativas, y con esto no quiero decir "buenas y malas", sino que pertenecen a un polo positivo o a un polo negativo. Tan fácil como pensar en que para que un aparato funcione con baterías, éstas deben, forzosamente, conectar el polo positivo y el negativo para generar energía.

De la misma manera funcionan las emociones, y te doy un ejemplo: la alegría pertenece al polo positivo y la tristeza al negativo. Si hago la pregunta ¿qué prefieres la alegría o la tristeza?, con seguridad la respuesta será la alegría. Pero a fin de cuentas, ¿cómo poder entender la alegría sin su contraparte? ¿Cómo podríamos saber lo que es el día si no existiera la noche? Todas las emociones tienen una utilidad y sirven para algo. Así, pareciera que es mejor sentir tranquilidad que enojo, pero piensa en que ha habido ocasiones en que, con toda seguridad, por un enojo tomaste una decisión importante que cambió algún aspecto de tu vida. Ese enojo te impulsó a avanzar.

Lo más importante de las emociones es saberlas utilizar de manera correcta, en el momento correcto, en la situación y con la persona correcta. Las emociones influyen en nuestro actuar y en los demás niveles de nuestra composición. Si no tenemos inteligencia emocional, con toda seguridad nuestras emociones nos moverán sin control o sin una intención adecuada, y terminaremos sintiéndonos mal o simplemente dejándonos llevar por impulsos que no tienen un rumbo claro. Eso es, precisamente, lo que nos lleva a hacer cosas que no queremos o que no construyen una realidad mejor para nosotros.

MENTE ESTRUCTURADA

La mente es el agente, por llamarlo de alguna manera, que nos ayuda a razonar, a ordenar, y a estructurar las cosas que vivimos, las tareas por hacer, y nos da soporte para tomar decisiones a lo largo de nuestra vida. La mente puede ser influida por las emociones, por nuestro nivel de energía y por cómo estamos a nivel físico. También tiene el poder de influenciar a cada uno de los otros niveles. La mente procesa la información que recibimos y genera respuestas ante cada situación. En este nivel se guarda la memoria, que tiene un poder increíble para actuar en nuestra vida. También aquí se almacena el "chip", por decirlo de alguna manera, que procesa y traduce todas nuestras experiencias en elementos que componen nuestra historia personal.

Se dice que un pensamiento genera una emoción y que una emoción genera una acción. Desde mi perspectiva, esto funciona de manera multidireccional, es decir, que también una emoción puede originar otra emoción e incitar un pensamiento, y una acción puede, a su vez, propiciar una emoción que despierte un pensamiento. Y lo que sucede con nuestros pensamientos, emociones y acciones afecta nuestra energía y nuestro cuerpo, por lo tanto, influyen en nuestra salud.

¿No te has sentido algún día en particular sin ganas de hacer nada porque fuiste afectado emocionalmente? ¿O las ganas se te fueron porque tienes alguna preocupación? O viceversa, ¿no has sido afectado emocional o mentalmente porque tienes un malestar físico? ¿Lo ves, percibes esa multidireccionalidad?

Lo que quiero decir es que todo es parte de nosotros y que lo más importante es la preparación y consciencia que tengamos para utilizar cada uno de estos elementos al construir una **Vida + Libre**.

MENTE PURA (ALMA)

Si todos estamos compuestos por un cuerpo físico, tenemos energía, emociones y mente, ¿qué es lo que nos hace ser en realidad diferentes? ¿Qué nos permite actuar o sentir de determinada manera? ¿Qué define nuestra personalidad? No quiero entrar en un tema que pueda ser polémico, pero sí tengo claro que hay algo que nos detalla y forma como individuos y nos da las capacidades propias para cumplir una misión única en el mundo. La mente pura nos conecta con el ser, nos trae inspiración, es *lo que ama* en nosotros, lo que le da a cada quien lo que yo llamo "certificado de autenticidad". En la medida que entendamos y aceptemos que somos más que un cúmulo de pensamientos, emociones y materia, en esa medida podremos ser dueños de nuestra vida, como lo dice el poema "Invictus": el amo de tu destino y *el capitán de tu alma.*

¿Alguna vez has sentido que te llega una idea que cambia toda tu perspectiva? ¿Una idea que te hace sentir conectado con Dios o con tu ser superior? En esos momentos permitimos que la mente pura nos hable y es justo cuando tenemos mayor energía para realizar todo lo que nos propongamos.

Lo más importante de este capítulo es que reflexiones sobre cómo todos estos aspectos influyen en tu vida, y en que tú tienes la capacidad de manejar a tu favor los elementos que te constituyen. ¿Cómo se logra esto? La consciencia y el descernimiento son herramientas muy poderosas que radican en la mente pura; es lo que muchos llaman *intuición* o *voz interior*. Desarrolla hábitos que te posibiliten conectarte contigo, que te ayuden a decidir qué tipo de vida quieres experimentar y que eleven tu nivel de vibración lo más alto posible. Asimilar esta información, y todo lo que se ha trabajado en los capítulos anteriores, te permitirá utilizar de manera correcta tu composición personal.

La mente pura dará sentido y significado a todo lo que hagas, además de impregnar tu sello personal a cada acción. Imagina que la mente pura quiere transmitir su energía como si fuera un rayo de luz a los otros cuatro elementos, los cuales tienen en su centro un espacio por donde esa luz debe entrar. Pero los cuatro elementos con frecuencia están desalineados, pues nuestros pensamientos van en una dirección, nuestras emociones en otra y nuestras acciones en otra distinta, ¡qué cosa! Si están desalineados, el fluir de esa luz es imposible, ya que se tapan entre sí los cuatro elementos. Cuando estamos en este estado de Desarmonía Personal Involuntaria, al cual llamaremos **DPI**, es prácticamente imposible que nos sintamos bien y con energía, puesto que el camino para que lleguen la inspiración, la creatividad, la alegría y la energía positiva a nuestra vida está bloqueado.

Por lo tanto, lo que tenemos que hacer es abandonar esa zona de **DPI**. ¿Y cómo lograr esto? Una vez que entiendes y eres consciente de tu composición personal, de la cual también forman parte los cuatro temperamentos abordados en el capítulo ocho, tendrás que trabajar en la Armonía Personal Voluntaria, que llamaremos **APV**.

La **APV** se logra cuando eres capaz de controlar tus pensamientos, tus emociones y tus acciones. Sé que la palabra "control" puede parecer opuesta a la palabra "libertad", pero para entender esto voy a ponerte un ejemplo simple. Si decides realizar un viaje en auto y tienes claro el destino al cual te diriges, la única manera de ir hacia ese lugar es teniendo el control del vehículo que conducirás. Debes conocer su funcionamiento, capacidades y límites. De lo contrario, piensa ¿qué pasaría si no sabes conducir ese vehículo? Con toda certeza te digo no llegarás a ninguna parte, y si intentas conducirlo, muy probablemente tendrías un accidente, y luego te preguntarías "¿por qué me sucedió este accidente?". Porque no tenías control sobre el vehículo.

Si llevamos un poco más allá el ejemplo, veremos que la mente estructurada, las emociones, la energía y tu cuerpo son el vehículo que te puede llevar a donde quieras, y la mente pura es el conductor, o sea, tú. Entonces, debes conocer tu vehículo para controlarlo y tener la libertad de ir en la dirección que conscientemente elijas en tu vida. Debes dejar atrás los tiempos en los que el vehículo controlaba al conductor y pasar a ser el protagonista de tu vida. Debes desarrollar la libertad en cada uno de los niveles; sin embargo, esto se logra desde la *conciencia de lo que es bueno,* no sólo bueno para ti, sino para los que te rodean y para llegar al destino que te has propuesto.

La **APV** depende entonces de que puedas dar a cada aspecto su peso específico en cada situación de tu vida. A tus pensamientos, emociones y acciones les corresponde un rol y tú eres quien decide en qué momento entran en juego cada uno. Lo más importante es permitirte a ti, a tu mente pura, tomar el control para que los demás elementos se alineen con tu voluntad y entren en el estado de Armonía Personal Voluntaria. Cuando sientas que todo fluye y que estás alegre, creativo y ligero emocionalmente, habrás adquirido la armonía y el control para **Vivir + Libre.**

En el capítulo cinco hablamos de la diferencia entre libertad y libertinaje. Es muy importante que lo tengas presente para ejercer la libertad real y el respeto por ti mismo y por los demás. Con base en esto te hablaré de cómo **Vivir + Libre** en cada uno de los niveles.

LIBERTAD DE PENSAMIENTO

Pensar libremente es tener el control de tus pensamientos, y es importante aclarar que no es lo mismo querer controlarlos que tener el control. Mantener en control tus reacciones y tus ideas no es lo mismo que querer controlar cada situación o persona que se atraviesa en tu vida. Siéntete libre de reflexionar, de analizar, de imaginar y de ordenar tus ideas con una finalidad clara y con la imagen de a dónde quieres llegar en cada circunstancia. Siéntete libre de expresar tus pensamientos, de decir lo que piensas y de plantear tus creencias y puntos de vista, siempre cuidando no agredir ni dañar a nadie. No apliques aquella frase de "esto es lo que pienso y no me importa a quien le duela", sino más bien expresa lo que piensas con seguridad y sobre todo con respeto. Date la oportunidad de imaginar, de *soñar y construir realidades en tu mente* sin limitaciones. Después ordénalas y ten consciencia de tu poder para plasmar esas ideas o esos sueños en tu realidad.

Pensar con libertad no es tener el derecho de juzgar, etiquetar o criticar a otras personas. Pensar libremente no es utilizar tu poder para manipular personas y situaciones, y sacar ventaja o provecho a tu favor. Si bien ya expliqué la importancia de expresar con libertad lo que piensas, porque si no lo haces puedes convertirte en una bomba de tiempo que en cualquier momento puede explotar sin control, debes tener en cuenta todos los factores que construyen el entorno de una situación o de una persona. Siempre debes cuidar el impacto de manifestar lo que piensas y lo que esto puede provocar en los demás. Es decir, ¿expresarlo va a construir o a destruir?, ¿va a sanar o a dañar? Siempre debemos pensar, como te dije, en lo que es bueno y mejor no sólo para ti, sino para todos.

Es fundamental considerar los siguientes factores para cuando expreses lo que piensas:

* El momento.
* La forma de ser de la o las personas.
* La intención que tienes al decirlo.
* El tono que utilizarás.
* Para qué lo vas a expresar.

Teniendo en cuenta lo anterior, puedes entonces pensar y expresar lo que deseas para **Vivir + Libre.**

LIBERTAD EMOCIONAL

Las emociones son complejas. La libertad emocional se refiere a que te sientas en paz y estés tranquilo a nivel emocional. A lo largo de la vida y con las experiencias que nos suceden, acumulamos cargas emocionales debido a que no sabemos cómo manejarlas. En la mayoría de los casos, hemos aprendido a reprimir nuestras emociones. Incluso pareciera que debemos controlar la alegría. Más de una vez me ha pasado que alguien me ve contento y me pregunta, "¿y ahora tú, por qué tan contento?". O se refieren a alguien que vive con mucha alegría como "ése está medio loco", "vive en su mundo perfecto", y así descalificamos a quien se siente bien. Por otro lado, y es el que más me preocupa, vamos guardando enojos, resentimientos y sentimientos negativos, debido a que no expresamos lo que sentimos en el momento adecuado. ¿Cuáles son las consecuencias de esto? ¡En realidad son muchas!

> Guardar emociones que nos hacen daño provoca que:
> * Tu alegría por vivir disminuya.
> * Pierdas la capacidad de asombro.
> * Seas una persona sin intensidad.
> * Tengas menos creatividad.
> * Pierdas tu seguridad personal.
> * Solapes actitudes o comportamientos de las personas que te dañan.
> * Afectes considerablemente tu salud.

Estoy seguro de que conoces casos de personas que guardan tristezas, resentimientos y enojos, y por lo cual han sufrido enfermedades severas que las pueden llevar al borde de la muerte. Está comprobado que las emociones negativas debilitan al sistema inmunológico y esto te deja vulnerable para padecer enfermedades. De hecho, hay corrientes de pensamiento que afirman que según la emoción negativa que guardes, es el tipo de enfermedad que puedes manifestar. Pero no ahondaré en ello, mejor insisto en que tomes conciencia del impacto negativo que puede tener el no estar emocionalmente libre. Te exhorto a que reconozcas las emociones que en este momento te tienen triste, enojado o resentido.

Por otro lado, te invito a que te atrevas a sentir con libertad, entendiendo que la libertad implica responsabilidad. Si vas a divertirte, hazlo libremente. Si vas a amar, hazlo libremente. Si vas a llorar, hazlo libremente. Atrévete a ser tú, deja de pensar en si serás correspondido, en si te juzgarán, en lo que los demás pensarán sobre tu manera de sentir. No pierdas la capacidad de sentir, porque las emociones dan sabor e intensidad a nuestra vida, son el condimento que le da un increíble y único toque a lo que vives.

En resumen, libérate de las emociones que te tienen atrapado y permítete expresar lo que sientes con intensidad para **Vivir + Libre.**

LIBERTAD EN LO FÍSICO-ENERGÉTICO

Debes cuidar ante todo tu salud y tu nivel de energía. Ejercítate para que mantengas tu cuerpo en forma y con vitalidad. Así tu vehículo estará en condiciones óptimas, con la maquinaria bien afinada, para hacer todo lo que te propongas. Come libremente, aliméntate con responsabilidad sabiendo lo que es bueno para tu cuerpo y lo que le dará los nutrientes adecuados para estar sano. Las personas que no cuidan su actividad, su alimentación y sus hábitos de consumo, suelen decir que son libres de comer, beber, fumar o hacer lo que "se les pegue la gana". Pero eso es una libertad mal entendida, porque al final esos hábitos te quitarán fuerza, capacidades, salud y todo lo que en realidad te da libertad. Por el contrario, te llevarán a esclavo de atender tu físico y tu salud, y te llevarán a renunciar a todo aquello que podrías hacer si estuvieras en condiciones saludables. Por lo tanto, cuídate tendiendo claro lo que te hace bien y lo que necesitas para vivir una **Vida + Libre.**

Si aplicas el conocimiento abordado en este capítulo, estoy seguro de que conseguirás alinear tus niveles y ser congruente entre lo que piensas, sientes y haces.

Responde lo siguiente:

1. Identifica qué emociones o situaciones te limitan, te frenan o te hacen guardar resentimientos.

---

2. ¿Cómo sería tu vida si liberas esas emociones?

---

3. ¿Qué vas a hacer para trabajar cada uno de los cinco niveles y vivirlos con mayor libertad?

---

4. ¿Por qué va a ser mejor tu vida si aplicas lo aprendido en este capítulo?

La libertad y la felicidad

El término "felicidad" realmente es subjetivo. Sin embargo, la felicidad ¡sí existe!, y esto se determina a través de tres factores fundamentales que puedes ver en el triángulo de la felicidad. Desarrollé este esquema después de mucho investigar y tratar de entender qué es lo que nos ayuda a ser más felices.

Hablemos de cada uno de los elementos de este triángulo para comprender lo que constituye a la felicidad.

CALIDAD DE VIDA

La calidad de vida se refiere a cuánto disfrutas lo que tienes, vives y eres. Disfrutar es aceptar con alegría y agradecer todo lo que ya tienes y eres, es existir libre de comparaciones con otras personas y otras realidades, es habitar el presente y aprovechar cada momento haciendo lo que haces y teniendo lo que tienes. *Tu calidad de vida la determinas tú.* No es lo que vives, sino cómo lo vives lo que va a hacerte sentir bien o mal, lo que determina si sufres o disfrutas tu existencia. Recuerdo que cuando era estudiante tenía compañeros cuyas familias tenían muchos recursos económicos; ellos podían pedir lo que quisieran. Sin embargo, su calidad de vida era baja por un par de factores:

1. La relación entre ellos, sus padres y sus hermanos era fría. Cada uno estaba en lo suyo y sustituían el aspecto emocional con abastecer de sobra lo material. Los vacíos internos eran imposibles de llenar con las cosas de valor externo; surgían estados de ansiedad y los llevaban a intentar llenar esos vacíos con elementos externos y hasta con malos hábitos y vicios.
2. Nunca estaban satisfechos con lo que tenían, siempre querían algo más para demostrarle al mundo su "valor" a través del aparente poder que les daba su posición económica. Algunos de ellos, al paso de los años, a pesar de su buena economía viven realidades tristes.

No quiero que me malinterpretes, no pienso que la riqueza y tener muchas cosas es malo o que te vas a condenar por ello, ¡no! Por el contrario, creo que estar bien económicamente sí que puede contribuir a tu felicidad. Y por cierto, conozco personas con muchos recursos materiales y económicos que son muy felices, además de generosos. La calidad de vida depende de cómo decides vivir las cosas y cuánto disfrutas lo que vives.

No importa lo que tienes, sino lo que disfrutas.

EXPECTATIVAS

Es sano tener expectativas. Las expectativas son motores que nos ayudan a avanzar, que nos motivan a trabajar con alegría por aquello que queremos, para alcanzar una meta, una realidad mejor, por hacer sentir bien a alguien, por sentirnos satisfechos.

Quiero mencionar el apego, pues muchas veces he escuchado eso de "no tener expectativas para no tener decepciones", a lo cual me opongo categóricamente. *Sin expectativas no hay crecimiento*, no hay avance de ningún tipo. Por ejemplo: supongamos que tu meta es comprar una casa y tienes un trabajo en el que si te esfuerzas más puedes obtener un aumento de salario o incluso un mejor puesto, y eso te ayudaría a alcanzar más rápido el objetivo de comprar tu casa; ¿no es eso tener una expectativa? Por otro lado, si tienes a tu pareja, no me vas a decir que no esperas nada de él o de ella, ¿verdad? Estoy de acuerdo en que hay que amar sin condiciones, siempre y cuando exista una reciprocidad. Imagina que tú das y das todo de ti, y tu pareja no hace nada por ti, no te toma en cuenta, es más, hasta te ignora o no te hace sentir importante. ¿De verdad te quieres quedar con esa persona a la que prácticamente no le importas? ¿Y todo por "amor"? Honestamente no lo creo.

Aquí es donde entran en juego el apego y el desapego. Si tus expectativas no se cumplen y no obtienes aquello que mereces desde la reciprocidad, lo que debes hacer es aceptar y desapegarte del resultado y tener la sabiduría para saber hasta dónde estarás dispuesto a seguir dentro de esa circunstancia. Es sano establecer límites y tomar decisiones que te permitan cambiar el rumbo de tu vida y redireccionar las situaciones hacia donde tú quieres que vayan. Si no eres correspondido en reciprocidad, *no aceptes lo que no mereces*. Tú y sólo tú eres quien establece hasta dónde vas a luchar por algo o por alguien. Debes reconocer si hay posibilidades y disposición para hacer ajustes, o bien, saber renunciar y buscar otras formas para cumplir tus expectativas. Así que siéntete más libre de tener expectativas y de procurar que éstas sucedan.

Es muy importante que tus expectativas tengan la dimensión correcta, es decir, que no resulten tan lejanas e irreales que lo que provoquen sea que entres en estados de ansiedad, estrés y descontento. Uno de los factores que más infelicidad genera es que haya una distancia enorme entre tu realidad actual y tus expectativas. Con esto no quiero decir que no te pongas metas grandes, lo que quiero decir es que establezcas expectativas que te reten, que te impulsen y las cuales poco a poco puedas lograr. Así, éstas te pueden llevar a conseguir la realización final de tus deseos y metas. La correcta administración de tus expectativas te mantendrá en una constante sensación de libertad y alegría.

REALIDAD

En realidad todo es real, a lo que me refiero con esto es que nada puede negar la realidad, pero tú tienes el poder de cambiarla. Para cambiar algo, el primer paso consiste en *aceptar lo que es*. Por ejemplo, las personas que fuman dicen saber que este hábito negativo los daña. Estoy seguro que has escuchado a más de uno decir "de algo me he de morir". Aunque no creo que sepan o sean conscientes del daño que se hacen; ahora bien, si realmente aceptaran que se están dañando, sería mucho más fácil que eliminaran ese mal hábito para tener una vida más saludable.

De igual manera pasa con los hábitos negativos emocionales, mejor conocidos como "vicios". He platicado con mujeres y hombres que están en una relación que no los hace felices, que los mantiene reprimidos y deprimidos, que les causa estrés y dolor. Estas personas afirman que "saben que no está bien, que saben que se están dañando", pero que al mismo tiempo no pueden dejar esa relación. Esto también sucede con el trabajo o en la actividad profesional que desarrollan, pueden estar descontentos y estancados, pero no salen de ahí porque se conforman y ¡no tienen expectativas!

Entonces, ¿cómo acomodar todo esto? Te proporcionaré algunos pasos a seguir:

1. Acepta tu realidad y haz las paces con ella.
2. Crea expectativas sanas y alcanzables.
3. Desapégate de los resultados que no generan valor en tu vida.
4. Ten disposición para hacer modificaciones, ajustes o cambios necesarios.
5. Mantente en movimiento.

Si experimentas insatisfacción en tu vida, es momento de reflexionar. Puede que tengas expectativas irreales o que, por el contrario, estés estancado por no tener expectativas y únicamente soportes tu realidad. Por lo tanto, te invito a que contestes las siguientes preguntas:

1. ¿Cómo te sientes en este momento de tu vida?

----

2. ¿Qué tan satisfecho estás con lo que eres y tienes?

----

3. ¿Cómo estás en tus relaciones personales?

----

4. ¿Cómo te sientes con tu realidad económica?

---

5. ¿Qué tienes que hacer para crecer y mejorar tu calidad de vida?

Te recomiendo que comiences a ejercitar y fomentar el hábito de la "reflexión y el discernimiento", términos de los que ya hablamos en capítulos anteriores. Si empiezas a reflexionar sobre lo que te pasa en el día a día y aplicas el discernimiento para entender y extraer lo mejor de cada experiencia, podrás **Vivir + Libre** en todos las facetas de tu vida.

A continuación, te voy a plantear siete aspectos en los que debes trabajar para vivir *libremente feliz*, o *felizmente libre*:

1. DISFRUTA LO QUE SÍ ERES Y LO QUE SÍ TIENES

Haz una revisión de todo aquello que posees en este momento de tu vida. También haz una reflexión para aceptar todo lo bueno que eres en este punto. Te ayudará a aceptar, agradecer y disfrutar cada día, cada experiencia, cada convivencia y a superar cualquier situación desagradable que te toque vivir. No significa que al aceptar estas cosas, entres en la zona de confort para quedarte estático o estancado. Al contrario, quiere decir que te permitas disfrutar tu vida mientras trabajas por alcanzar las metas que te has propuesto.

2. SIENTE ORGULLO DE SER TÚ

Una vez que aceptes lo que eres y lo que tienes, desarrolla el sano orgullo de ser tú. Recuerda que eres un ser único e irrepetible, con grandes capacidades, y que tu personalidad y tu forma de ser son las herramientas para construir un mundo mejor, crear realidades de mayor gozo, abundancia y tranquilidad. Si identificas aspectos negativos y que te frenan, atrévete a cambiar, a pulirte como si fueses una piedra con potencial de diamante. *Evoluciona constantemente hacia la mejor versión de ti*, esa de la cual sientas orgullo de ser quien eres; por cierto, ese orgullo estará basado en tu yo interno. ¿Imaginas qué sensación tan poderosa sería andar por la vida con ese orgullo? Por favor, no confundas el orgullo con la arrogancia, ya que la arrogancia destruye, mientras que el sano orgullo construye.

3. SÉ PROTAGONISTA, NO VÍCTIMA

Ser víctima se ha convertido para muchas personas en una estrategia consciente o inconsciente para conseguir beneficios. Es una forma de manipular a los demás para obtener atención y lograr que hagan lo que la víctima quiere. Ser víctima es entrar en el juego de lo que yo llamo "la industria de la lástima", la cual genera resultados a partir del chantaje. Producir lástima es una herramienta para quienes deciden no hacerse responsables de su realidad, para quienes no se aceptan y se sienten insatisfechos e inferiores. Le funciona a quien quiere beneficios sin esfuerzo. El "no puedo", "no soy", "no merezco", "no necesito" son las frases que más utiliza alguien que juega el papel de víctima. Cuida no caer en este rol, porque el costo de ser víctima es muy alto. En el fondo es renunciar a tu poder personal, es desaprovechar la oportunidad que te da la vida de ser feliz, de realizarte y de ser generoso con los demás.

Por el contrario, ser protagonista de tu vida significa desarrollar todo tu potencial a favor de los resultados que buscas; ***es asumir la responsabilidad y tomar el control de tu vida***. Estoy seguro de que el protagonista experimenta alegría, energía positiva, satisfacción, poder y realización. Y eso es lo que deseo para ti, querido lector, que te sientas pleno, fuerte y feliz.

3. TRABAJA EN TUS EMOCIONES

Como ya lo hablamos en un capítulo anterior, las emociones son una herramienta muy poderosa para tener el control de tu existencia y vivir con mayor intensidad.

Existen seis emociones básicas:

1. Miedo
2. Ira
3. Alegría

4. Tristeza
5. Asco
6. Sorpresa

Todas estas emociones tienen una funcionalidad impresionante en nuestro actuar diario. Son elementos poderosos que, si son bien utilizados, con certeza nos ayudarán a vivir una **Vida + Libre**. No hay emociones malas, nosotros somos quienes otorgamos negatividad a las emociones. Pensamos que el miedo es malo, que la ira y la tristeza son malas o que el asco es malo. El miedo, la ira y el asco también son importantes para nuestro vivir, de hecho, en muchos casos, estas emociones nos mantienen vivos. Por otro lado, la alegría y la sorpresa nos dan sensaciones agradables que nos permiten sentirnos bien y con un estado de ánimo elevado.

Trabajar tus emociones significa que las aceptes, las permitas y las utilices para construir realidades ¡increíbles! Si sientes que alguna emoción te lleva a circunstancias que no deseas, es ahí donde debes actuar y trabajar para imponer tu voluntad y que jueguen a tu favor. Puedes apoyarte en lecturas, cursos, terapias y en el vasto conocimiento que hay sobre la ya conocida y poco utilizada "inteligencia emocional", de la cual no entraré a detalle debido a la amplia disponibilidad de información al respecto. Pero te invito y hago hincapié en que te des la oportunidad de aprender a manejar tus emociones y *ser emocionalmente inteligente*.

4. CULTIVA TUS RELACIONES

Las relaciones son parte esencial en la vida de cualquier persona, y tú no eres la excepción. Somos seres sociables por naturaleza y, por lo general, las mejores cosas se construyen en equipo. Todos necesitamos de todos, todos aprendemos de los demás, y todos podemos ayudar a otros. Cuando hablo de cultivar tus relaciones, me refiero a que cuides el impacto que generas en los demás, a que siempre pienses en el bien común, al menos del círculo de personas cercanas a ti. Las relaciones personales se pueden dividir en tres círculos:

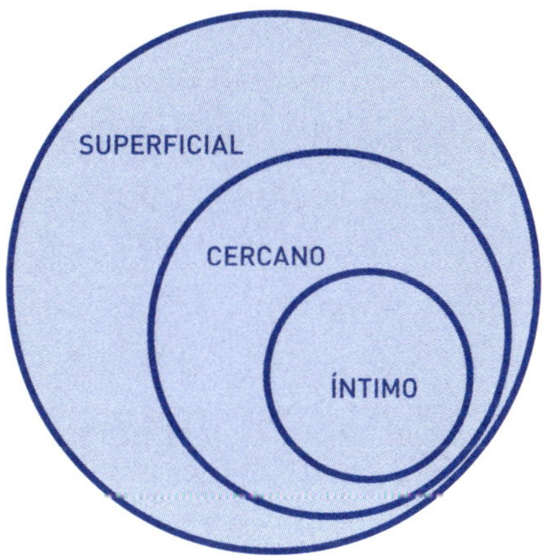

En cada uno de éstos debemos cuidar nuestra forma de relacionarnos, y saber cómo sortear las distintas situaciones que se nos presentan. Asimismo, debemos seleccionar con acierto el tipo de personas permitiremos estar cerca de nosotros. Somos seres influenciables, por ello elijamos muy bien a las personas que estarán cerca de nosotros.

En el caso de nuestra familia cercana (padres, hermanos, tíos, primos, etcétera), tal vez no tenemos opción de elegir, pero sí podemos escoger qué tipo de relación vamos a tener con ellos y cómo llevarla. Te comentaré de manera general quiénes componen cada uno de los círculos:

Íntimo: pareja, hijos, padres, hermanos y, en la mayoría de los casos, tu mejor amigo o amiga.
Cercano: amigos y familiares no directos.
Superficial: colaboradores, compañeros de trabajo y otros.

En cada uno de los círculos debemos entender la importancia y la influencia que tienen en nuestra existencia este tipo de relaciones. Cultivar las relaciones de manera positiva en cada uno de los círculos te traerá beneficios tangibles. A continuación, te daré algunos consejos para lograrlo:

1. Mantén una actitud abierta y positiva.
2. Hazle saber a las personas lo bueno que ves en ellas.
3. Comunica tus inconformidades y enojo con sabiduría y con una buena intención.
4. No hagas cosas que no te gustaría que te hicieran a ti.
5. Hazle saber a la gente que amas que la amas, no sólo con palabras, sino con actos.
6. Aporta valor a quienes te rodean.
7. Aprende a decir NO y a poner límites que no afecten tu dignidad.
8. Respeta lo que los otros quieren y lo que son.

Pon en práctica estos consejos, y te aseguro que llevarás mejor tus relaciones y eso permitirá que te sientas más alegre y en paz, para **Vivir + libre.**

PON TUS COSAS EN ORDEN

Un aspecto que pocas veces tomado en cuenta y que quita mucha libertad y energía, es el no tener tus cosas en orden. El orden en tu casa, tu lugar de trabajo y tu auto es importante aunque no lo parezca. Si sabes dónde están las cosas, y cuando usas algo lo devuelves a su lugar, la próxima vez que lo necesites te será fácil encontrarlo. En cambio, si dejas todo en cualquier parte, después perderás tiempo y energía en buscarlo, y en una de ésas, hasta te sentirás molesto o tendrás alguna discusión con alguien por no encontrar las cosas. En cuestiones de orden, somos muy propensos a postergar. ¿Acaso no has dicho "después acomodo la ropa", "luego regreso a lavar los platos", "dejaré esto por aquí y después le busco un lugar"? De esta manera nos acostumbramos al desorden y permitimos en nuestros espacios la falta armonía y, por ende, que la energía no fluya correctamente.

Otro punto importante al hablar de orden, es lo referente a aspectos significativos que tienen gran impacto en nuestras vidas, tales como los siguientes:

Tu economía: te recomiendo que siempre lleves un control de tus cuentas, que sepas cuánto y en qué gastas. Ten una proyección de ingresos y de gastos. Establece presupuestos y límites de gasto. Esto te dará mayor tranquilidad y te ayudará a minimizar los riesgos de caer en deudas innecesarias y vivir al día sin saber cómo, cuánto y en qué gastas tu dinero. En lo personal, yo elaboré un formato en una hoja de cálculo en el que hago una proyección anual de ingresos y gastos semana a semana, es decir, en un archivo tengo 52 ejercicios de cuentas con ingresos y egresos por semana. Ejercer este control me ayudó a pasar de tener desorden y deudas, a un orden y una economía sana.

Tus papeles: es importante tener en orden contratos, actas de nacimiento, identificaciones, pasaportes, actas de matrimonio, pólizas de seguros, documentos de propiedades como casa, autos, etcétera. También recomiendo, aunque puede sonar duro, tener en orden tu testamento, ya sea lo que tú vayas a heredar, o lo que te van a heredar, créeme que eso te ahorrará pleitos y problemas en el futuro.

Tus asuntos personales: trata de no tener asuntos pendientes relacionados con otras personas. Te recomiendo cerrar ciclos, aclarar malentendidos, sanar heridas, pedir perdón o perdonar, etcétera. Arregla todo aquello que te pueda generar un desgaste innecesario y que frene tu vida.

Si tienes tus cosas en orden, te garantizo que tu experiencia de vida será mucho más ligera, te sentirás mejor todos los días y podrás lograr mucho más en lo que hagas.

DESARROLLA EL SENTIDO DEL HUMOR

Parte importante de disfrutar la vida es el sentido del humor. No tomarse las cosas tan en serio puede aligerar las cargas emocionales. El aprender a reírnos de nosotros mismos, entendiendo que reírse no es lo mismo que burlarse o restar importancia, nos hace sentir que nada es tan poderoso como para arrebatarnos la alegría. El sentido del humor es básico para poder ver las cosas y situaciones desde su lado positivo. El atreverte a divertirte, a dejarte sorprender, a integrar el niño interior en el día a día, te proporcionará un estado mental más abierto y relajado. Además, tendrás un impacto mayor y más positivo en todo aquel que tenga contacto contigo. Ríe más, aunque a veces no encuentres motivo, simplemente sonríe y recuerda aquello por lo que puedes agradecer en tu vida. Sonríe con tu rostro y tu alma te seguirá. Si ejercitas el sentido del humor con constancia, se volverá parte de tu vida sin ningún esfuerzo y comenzarás a experimentar alegría sin darte cuenta. Poco a poco, serás consciente del impacto tan positivo que tiene el humor en la creación de tu realidad y del efecto que esto produce en los que te rodean.

Sobre los chantajes emocionales

Uno de los aspectos que más influyen en nuestro día a día, muy probablemente sin darnos cuenta, ya que es silencioso y en apariencia no se realiza de manera consciente, es el chantaje emocional. El chantaje es la sensación que provocamos o nos provoca otra persona desde una posición de víctima para conseguir algo. Ocurre cada vez que nos victimizamos para conseguir algo que queremos, cada vez que utilizamos la estrategia de acorralar al otro en un sentimiento de culpa si no hace lo que queremos o no nos complace algún capricho. Para entender lo que es el chantaje basta imaginar o recordar a un niño haciendo un gran berrinche cuando no obtiene el juguete deseado o cuando no lo abrazan o no le concedan algo que quiere. Si el niño no puede conseguir lo que desea de manera "normal", o sea, pidiéndolo de forma abierta y tranquila, entonces recurre a un berrinche o a la amenaza de que si no le dan lo que desea, entonces sufrirá o algo malo le sucederá. Por esa razón, los padres ceden para no sentirse mal o culpables de que el niño sufra o no esté bien.

Es muy fácil imaginar la escena antes descrita. Ahora bien, si este comportamiento no se corrige a tiempo, en la edad adulta el chantaje se vuelve más complejo. Sucede entre parejas, entre padres e hijos, entre jefes y empleados, entre compañeros de trabajo e incluso entre amigos. Recurrir al chantaje refleja la incapacidad de una persona para conseguir algo que quiere, por lo que le es más sencillo causar culpa en el otro para así lograr su objetivo.

Debes saber que habrá personas que querrán chantajearte emocionalmente, y peor aún, es probable que tú también caigas en la tentación de chantajear o chantajearte a ti mismo. Es importante saber que el chantaje es uno de los factores que más energía y libertad te quitarán en la vida.

Recuerdo el caso de una amiga mía. Hace algunos años tenía un novio que se enamoró perdidamente de ella. Él era depresivo, inseguro y con una autoestima muy baja. Después de varios meses de noviazgo, ella deseaba terminar con la relación. Cuando habló con él por primera vez para decirle que ella ya no quería ser su novia, él cayó en llanto y le dijo que su vida nunca sería la misma sin ella, que él había dejado de lado muchas cosas para estar con ella, que si no seguían juntos caería en una gran depresión y no podría volver a ser feliz jamás. Ella se sintió mal y la invadió un sentimiento de lástima y de culpa por lo que podría sucederle a él si se separaban. Ante este sentimiento, ella accedió a continuar la relación para que él estuviera bien. Ese fue el principio de un gran círculo vicioso: ***ella estaba con él por lástima y no por amor.*** Al poco tiempo, ella se sintió muy incómoda por estar en una relación que no la hacía sentir feliz y mucho menos libre. Intentó de nuevo terminar, y eso provocó un gran miedo en él, al grado que llegó a amenazarla con que se quitaría la vida si ella decidía separarse de él. Imagina la sensación de culpa que ella experimentó. Él le provocó mucha ansiedad y ella accedió a seguir con él para evitar semejante tragedia. Al ver que el gran chantaje funcionó, él comenzó, de manera tal vez inconsciente, a generar situaciones negativas en su vida: perdió el empleo, tuvo problemas de salud, sufrió depresiones y experimentó distintas problemáticas menores, lo que ocasionó que ella se convirtiera en una especie de mamá salvadora de su pareja. En ella recayó la responsabilidad de que él estuviera lo mejor posible. Esta dinámica provocó, con el tiempo, una gran acumulación de enojo no expresado en ella, y en él una gran sensación de incapacidad de hacerse responsable de su vida. Ambos entraron en una relación de codependencia basada sólo en el chantaje. Hasta que la situación llegó a un límite insostenible: ya no había amor, no había disfrute en la relación, y cada vez se sentían más agotados por sostener algo inexistente, algo que los mantenía encerrados en la nada emocional. Por fin, ella afrontó las consecuencias de las decisiones que había tomado y actuó por su bien sin importar las amenazas de su pareja. Él insistía en que sin ella no tenía caso vivir, ella ya no cedió y le hizo saber que lo que hiciera con su vida sería sólo su responsabilidad, que él era libre de hacer lo que quisiera. Esa tormentosa relación terminó y nadie perdió la vida, nadie sufrió lo que en apariencia sufriría con esa separación. Ambos se dieron cuenta del desgaste y, por decirlo de alguna manera, del tiempo perdido al sostener algo que no tenía base ni ninguna consecuencia positiva.

Así como le sucedió a esta pareja, lo anterior acontece en distintas ocasiones en nuestra vida cotidiana. A veces se trata de, en apariencia, situaciones insignificantes. Pero conforme éstas se acumulan, generan cansancio emocional, y eso en lugar de unir a las personas, las separa poco a poco sin notarlo. Trata de recordar si has escuchado de alguien más o de ti frases como:

* Eso no es para mí...
* No soy suficiente...
* Si yo fuera como...
* Si tuviera...
* Si tú supieras todo lo que me pasa...
* Si no fuera por esto, estaría mejor...
* Si tuviera aquello, me sentiría más feliz...

Y así un sinnúmero de expresiones e ideas que nacen desde la incapacidad de hacernos responsables de nuestros pensamientos, de nuestras emociones, de nuestra realidad, ¡de nuestra vida!

En general, vivimos en un contexto social en el que no se nos enseña a hacernos responsables de nuestros actos y pensamientos, donde es muy fácil evadir las consecuencias de nuestras decisiones. Es común caer en dinámicas de queja y crítica constante, buscar culpables por lo que vivimos y no nos gusta. ¡Pues te tengo una importante noticia! ***Cada uno es responsable de lo que vive, ya sea porque lo provoca o porque lo permite***. Incluso de aquellas cosas que no entendemos por qué nos suceden o que parecen una "injusticia de la vida" también somos responsables. Como ya lo mencioné en un capítulo anterior, debemos desarrollar la capacidad de aceptar las cosas como son y sucedieron. De esta manera serás tú quien decide qué hacer con aquello que te tocó vivir, así como cambiar las circunstancias o realidades que no te gustan y generar mejores experiencias para ti, con el único afán de **Vivir + Libre.**

Te invito a reflexionar sobre tu vida, acerca de a quién puedes estar chantajeando para conseguir algo, o en la persona que te puede estar chantajeando. Para ello te pido que hagas el siguiente ejercicio:

En una hoja escribe todas aquellas circunstancias que te restan energía y te dejan una sensación de desgaste, ya sea con tu pareja, con tus hijos, padres, hermanos, amigos, etcétera. Una vez que las tengas escritas, identifica en qué situaciones te chantajean y en cuáles chantajeas tú.

Si te chantajean:

1. ¿Por qué esa situación te hace sentir así?
2. ¿Qué te hace sentir culpable de la situación?
3. ¿Cómo te sentirías si esa situación desapareciera de tu vida?
4. ¿Por qué permitiste eso en tu vida?
5. ¿Qué responsabilidad tienes al haber permitido ese chantaje?
6. ¿Cómo puedes terminar esa dinámica de chantaje?

Si tú chantajeas:

1. ¿Qué hueco emocional hay en tu vida para que recurras al chantaje para conseguir algo?
2. ¿Qué deberías hacer para responsabilizarte y resolver esa situación?

3. ¿Qué te hizo caer en el chantaje para obtener algo?
4. ¿Cómo te sentirías al resolver esa situación sin recurrir al chantaje?
5. ¿Qué acciones concretas tomarás inmediatamente para frenar el chantaje?

Te pido que cada que desees chantajear o que alguien te quiera chantajear, te repitas conscientemente:

No permitiré que este chantaje me quite mi tranquilidad y mi libertad.

Modo de ser Vive + Libre

En este capítulo describo a partir de cuatro conceptos un modo de ser, una forma de vida que te permita sentirte más presente, darle sentido a lo que vives y mantener una actitud abierta para que la existencia te sorprenda. De esta forma tu experiencia de vida será la mejor posible. Seré breve para que, de manera sencilla, entiendas los conceptos y puedas incorporar esta propuesta a tu vida diaria.

Modo de ser Vive + Libre: ACEPTA, DISFRUTA, ELIGE, CONSTRUYE.

ACEPTA

Nadie tiene el poder de cambiar el pasado y no podemos cambiar la realidad de este preciso momento, por lo tanto, ACEPTA las cosas como son. De nada sirve reprocharnos lo que hicimos, lo que nos hicieron, o quejarnos de todo y por todo, pues sólo nos conducirá al enojo, frustración y descontento con la vida. Contrario a lo que quisiéramos, no aceptar y mantener una actitud negativa provocará más dolor y más negatividad en el futuro, y así sólo entraremos en un círculo vicioso del cual será difícil salir. Al aceptar, dejamos de tener conflictos y luchas internas. Asimismo, relajamos nuestra mente y personalidad, y obtenemos espacio para aprender y dejar de pelear con el pasado, el cual no podemos modificar. Aceptar nos da la posibilidad de abrirnos a mejores realidades en el futuro.

DISFRUTA

Preocuparse por lo que pueda pasar y permitir que el juicio esté presente en todo momento son elementos que nos arrebatan la capacidad de disfrutar lo que tenemos, lo que vivimos y con quienes convivimos. El preocuparse sólo nos quita energía. Recuerda que si hay algo que puedas hacer para cambiar lo que no te gusta, hazlo y ponte en acción, pero si hay cosas que están fuera de tu control, suelta y confía. Agradece y DISFRUTA lo que sí tienes, enfócate en todo lo bueno que hay para ti, en todas las bendiciones con la que sí cuentas en la vida. Recuerda que lo que importa no es lo que tienes, sino lo que disfrutas. No importa cuánto tengas, si es mucho, disfrútalo, si es poco, también, ya que desde el gozo lo único que puedes atraer a tu vida es abundancia y bienestar.

Que el Gran Juez se nos suba a la cabeza para emitir juicios por todo, nos limita demasiado. El Gran Juez es esa voz interna que todo lo critica, que no deja que nada te sorprenda, que a todo le quiere poner calificativos y que nubla el brillo de todo lo que experimentamos. Expulsa de tu mente a ese juez y permite que tu forma de experimentar la vida sea a través de los ojos del corazón y del alma, para que así puedas encontrar en cada cosa, en cada persona y en cada experiencia su aspecto positivo. Date la oportunidad de disfrutar. La vida es relativamente corta como para vivirla tristes y enojados, así que disfruta, ¡disfruta y disfruta tu vida!

ELIGE

Estamos dotados con la capacidad de elegir lo que queremos, de elegir hacia dónde vamos y cómo vemos la vida que vivimos. Elegir lo mejor para ti debe ser tu enfoque principal. Si quieres experimentar un futuro feliz, abundante y gozoso, debes ELEGIR en el presente aquello que esté alineado con lo que quieres vivir, con lo que quieres lograr. Si quieres vivir una vida saludable, opta por comer bien, elige ejercitarte, elige cuidarte. Si quiere experimentar paz en tu corazón, elige las experiencias justas, lo que es correcto, elige ser bueno y dar lo mejor de ti. Si quieres una vida próspera, elige trabajar con alegría, elige cumplir tus compromisos y tus metas.

Por otro lado, elige siempre ver lo positivo, lo que sí tienes en lugar de lo que careces, elige enfocarte en todo lo que sí eres. Te aseguro que desde esa elección tendrás una vida que te sorprenderá todos los días con cosas buenas.

Reconoce en ti el poder de elegir cada día mirar la luz y no la oscuridad. Elige el amor y no el miedo, elige el diálogo y no la discusión, elige dar en vez de exigir, elige avanzar en lugar de frenar. Elige siempre lo mejor para ti y para los que te rodean.

CONSTRUYE

Eres el arquitecto de tu vida, eres el arquitecto de tu futuro, eres el arquitecto de tu realidad. Imagina que tu vida es como una casa, tú eres el encargado de construirla. ¿Qué debes considerar para edificar la vida que quieres? Te comparto estos 5 elementos para ayudarte a proyectar tu vida:

1. Traza los planos de tu vida, visualiza qué quieres vivir y cómo quieres experimentarlo.
2. Imagina el entorno que quieres para ti, un ambiente sano, relaciones sanas y constructivas. ¿En qué áreas quieres desarrollarte? ¿Qué tipo de emociones quieres experimentar? ¿De qué y de quién te rodearás? ¿Qué información permitirás entrar a tu mente y corazón?
3. ¿Cuáles serán los cimientos en los que vas a desarrollar tu vida? Es decir, los principios, los valores y la educación que tendrás y sostendrás para que lo que hagas tenga bases sólidas. Para que no te alejen fácilmente de tus objetivos y de esos pilares (valores) que te harán ir por la vida con mayor seguridad mientras generas impactos positivos.

4. ¿Con qué materiales vas a construir tu realidad? Tu preparación, tu personalidad, tu criterio, tu temperamento y tu carácter te ayudarán a lograr moldear tu vida como tú lo desees, siempre y cuando elijas lo que es mejor para lograr las metas que te has propuesto.
5. ¿Con qué equipo vivirás? Qué tipo de personas, amigos, pareja, compañeros de viaje elegirás para recorrer el camino de tu vida. Esto es un factor muy importante para que puedas avanzar más y mejor en el recorrido. Debes tener cerca de ti a personas que te impulsen, que te enseñen y con las que puedas vibrar lo más alto posible.

CONSTRUYE tu vida con fuerza y alegría, haz que tu vida valga la pena de ser vivida y que además deje un legado, una enseñanza, un camino para los que vienen detrás de ti.

Con estos cuatro conceptos del Modo de ser **Vive + Libre**, tu andar será más fácil y ligero y tu experiencia será mucho más alegre y profunda.

Contesta las siguientes preguntas:

1. Anota dos situaciones que tienes que aceptar y que te detienen para vivir más tranquilo.

----

2. ¿Qué te ayudaría a aceptar estos dos aspectos con más paz?

3. De estas dos circunstancias en tu vida, escribe al menos cinco maneras en que puedes empezar a disfrutarlas y que al mismo tiempo te pueden ayudar a mejorar tu estado de ánimo.

4. Ahora elige dos metas cercanas que quieras lograr.

5. Enumera al menos cuatro pasos que debes seguir para lograr cada una de las dos metas que te has propuesto. (Son cuatro pasos por meta.)

6. Ponles fecha.

7. Describe cómo va a mejorar tu vida después de lograrlo y cómo crees que vas a sentirte.

Decálogo Vive + Libre para empoderarte

En este último capítulo te entrego un decálogo que te será de gran utilidad para tu vida cotidiana. Estos 10 mandamientos para llevar una **Vida + Libre** los puedes llevar en tu cartera o en tu bolso, para que en una situación determinada puedas recordarte: **¡Vive + Libre!**

Empodérate, siéntete dueño de tu vida, de tus decisiones, de tu futuro y ten la certeza de que tienes la fuerza interna para hacer que las cosas que quieres en tu vida sucedan tal y como tú deseas. *Vive con la libertad de que tu actitud, tus emociones y tus actos dependen de ti* y que realmente pueden marcar un cambio positivo en tu vida cotidiana.

Son diez conceptos de los cuales te entrego una breve descripción. Es importante que tengas en cuenta lo que hemos aprendido a lo largo de los capítulos anteriores para tener un contexto mucho más completo. No tienen un orden preferencial o secuencial, todos son igual de importantes. El orden en que te los presento es meramente descriptivo.

A estos diez conceptos los he llamado el decálogo "Hoy decido", pues se basa en que la decisión de avanzar y cambiar para bien nuestra vida depende de que decidamos tomar el control de ésta. ¡Aquí vamos!

1. Hoy decido creer y apostar por mí.
2. Hoy decido crecer y brillar con luz propia.
3. Hoy decido soltar lo que no es mío.
4. Hoy decido dejar de complacer a los demás y ser auténtico.
5. Hoy decido aportar al mundo lo mejor de mí.
6. Hoy decido ser saludable.
7. Hoy decido hacerme responsable de mi vida.
8. Hoy decido amarme y respetarme.
9. Hoy decido ser abundante.
10. Hoy decido **Vivir + Libre.**

1. HOY DECIDO CRECER Y APOSTAR POR MÍ

¿Cuántas veces te ha pasado que en la última persona en la que crees es en ti? No olvido algunas frases de mi padre, que al escucharlas me llevaron a sentir falta de merecimiento, a pensar que supuestamente yo había nacido para que me fuera bien en la vida. Después de muchos años comencé a entender que eso que él me decía tenía dos vertientes; por un lado, lo hacía desde su mejor intención para impulsarme, y por el otro, su forma de relacionarse conmigo y mis hermanos estaba basada en su propia historia personal, así como en la educación que mis abuelos le dieron. Muchas veces por cultura, por educación, o mejor dicho por falta de educación, no se nos incita a creer en nosotros, no se nos enseña que todos tenemos la increíble capacidad de avanzar hacia la conquista de nuestros sueños y metas.

De hecho, parte del problema es que no se nos enseña a considerar esos sueños como aspectos reales y alcanzables. Eso hace que perdamos el rumbo y que terminemos con vidas rutinarias que la mayoría de las veces no nos llevan por el camino de la alegría ni de la libertad.

2. HOY DECIDO CRECER Y BRILLAR CON LUZ PROPIA

Nuestra sociedad tiene su "cultura", y una cultura se crea a partir de los valores, actitudes, costumbres y formas de vida de un grupo de personas. Estos grupos pueden aglutinarse en torno a una religión, un país, una ciudad, una comunidad o una familia. Por ejemplo, me llama mucho la atención que cada vez que viajo a una ciudad fronteriza entre México y Estados Unidos lo que divide a las ciudades de ambos países es una línea o un río, pero el cambio cultural va más allá y es muy interesante. Observo, con asombro, que del lado mexicano los conductores no son tan respetuosos con las señales de tránsito, que se pasan una luz amarilla o roja, que se estacionan en lugares donde no corresponde o que conducen a exceso de velocidad. Cuando estos conductores cruzan la frontera y pasan a los Estados Unidos, como por arte de magia conducen con todas las de la ley y de manera correcta, ¿qué es lo que pasa? Mi respuesta es que cuando pasamos la línea fronteriza de un lado o de otro, nos comportamos conforme a la cultura del lugar.

¿A qué quiero llegar con esto? A destacar que muchas veces la cultura de nuestra familia, de nuestra sociedad, nos lleva a cumplir con ciertos estándares como estudiar, conseguir trabajo y sobrellevar una vida "digna". También, a menudo, nos enseñan a no sobresalir por temor a la crítica, a ser señalados, a ser robados. Se nos asegura que es mejor ser parte del promedio y mantenerse dentro de los estándares. Pero te digo que tú eres grande, tú tienes luz propia y el mostrarla al mundo sólo depende de que decidas creer, crecer y brillar. Con tu luz iluminarás el camino para ti y para otros, lo cual te hará crecer y ser cada vez mejor persona.

3. HOY DECIDO SOLTAR LO QUE NO ES MÍO

Ha habido momentos en mi vida en los que, sin causa aparente, me siento con poca energía, como si cargara un peso gigante encima, sin saber de dónde viene ni por qué lo cargo. Por alguna razón nos encanta cargar culpas que nos colgamos solos, o nos gusta ponernos la capa de héroe incomprendido y queremos resolver la vida de otros, mientras nos olvidamos de la nuestra. Yo, por ejemplo, llegué a sentirme culpable porque alguien no estaba bien, porque alguien andaba de malas o porque alguien no le caía bien a todos. Y me preguntaba ¿qué hice yo? ¿Por qué provoqué que alguien esté mal? Sentía culpa de que hubiera gente pidiendo dinero en las calles, culpa porque a alguno de mis amigos lo despidieran del trabajo, culpa porque a un familiar le había ido mal en algo, etcétera. De pronto me di cuenta del desgaste que pensar así me provocaba, que experimentaba ansiedad por esas cosas y eso me debilitaba de manera importante. Por lo tanto, trabajé en cambiarlo, en soltar lo que no era mío, en dejar de sentirme responsable de realidades o sentimientos que yo no había provocado ni generado. No quiero decir que nos volvamos insensibles a la realidad de los demás, sino que seamos capaces de apoyar al otro no desde la culpa, sino desde la generosidad. Por eso te invito a que *dejemos de cargar emociones negativas y a personas nocivas*. Dejemos de querer resolver la vida de otros, mientras nos hacemos a nosotros a un lado. Cada uno es responsable de su propia realidad. Lo que podemos hacer es ser generosos y ayudar desde el corazón a los demás, pero no asumir dependencias ni eximir que son su propia responsabilidad. Dedícate a estar bien tú para poder estar bien con los demás, y así ayudar desde tu energía positiva y no desde tu carencia.

4. HOY DECIDO DEJAR DE COMPLACER A LOS DEMÁS Y SER AUTÉNTICO

Mi mamá siempre ha sido muy cariñosa conmigo y mis hermanos desde niños, complaciente con las exigencias de papá y con las exigencias de su propio padre, mi abuelo. Siempre ha antepuesto el gusto de nosotros a lo que ella ha querido. Por un lado admiro eso de ella, pero también percibo que en distintos momentos de su vida ha estado algo cansada y hasta un poco enojada, aunque no lo demostró para que nosotros estuviéramos bien. Ésa es una conducta aprendida por mí, y en varias etapas me ha desgastado mucho. Aprendí que si uno hace las cosas para agradar y complacer a los demás, entonces ellos te van a querer y aceptar. Esto me ha provocado muchos momentos de desaliento; al depositar la responsabilidad de "yo estar bien" en la aceptación de los demás, perdí autenticidad, la capacidad de actuar de acuerdo a lo que soy y a lo que me hace sentir libre, perdí el impulso de ir por lo que deseo. Hoy entiendo que mi tranquilidad y mi felicidad, así como la tuya, no dependen de complacer a los demás, ni de pasar por encima de mis necesidades, sino de permitirme ser, expresar lo que pienso, buscar mi bienestar y dejar que la vida me acerque a los que están en consonancia conmigo. Complace a tu corazón, a tu espíritu, y estarás en paz contigo y con todos los que te rodean. Cuando comiences a cambiar esta dinámica de complacer a los demás recuperarás tu propio poder, y si algunas personas se alejan de ti será porque no le hacían bien a tu vida, ya que sólo absorbían tu energía sin dejar nada para ti. Por el contrario, quienes realmente te quieren incluso agradecerán que te veas y te sientas mejor, y que desde esa libertad que viene de no complacer, seas mejor persona con todos.

5. HOY DECIDO APORTAR AL MUNDO LO MEJOR DE MÍ

Por la actividad que desarrollo, me muevo demasiado y viajo por distintas ciudades, ando en aeropuertos y me toca conocer muchas personas con bastante frecuencia. Un día fui al banco a hacer unos trámites y me encontré con un ejecutivo de cuenta que, desde que lo vi al entrar a la sucursal, tenía una expresión decaída, molesta. Asumí que tal vez pasaba por un mal día. Traté de bromear con él para aminorar la tensión, pero su reacción no fue la que yo esperaba; se molestó un poco y entendí que no debía seguir en mi intento de establecer un trato más cordial. Durante la conversación alrededor del trámite por el que estaba ahí, me atreví a preguntarle si se sentía bien. Su respuesta me sorprendió:

—¿Por qué habría de estar bien? —contestó.

Yo me sentí extraño y le dije:

—¿Has tenido un mal día?

—¿Un mal día? ¡Ja! ¿Hay días buenos? Usted no sabe la vida que me tocó. ¿Por qué habría de ser bueno algún día? Yo tengo demasiadas preocupaciones, muchos problemas... —replicó y comenzó a darme todas las razones por las que no creía en la felicidad de la gente.

Eso me llevó a reflexionar en por qué él y muchas personas se sienten así. Mi conclusión es que no se han dado cuenta de lo que son y de lo que tienen para dar.

Aunque nos toque vivir circunstancias adversas, entender para qué nos toca vivir lo que vivimos nos ayuda a entregar lo mejor de nosotros y desde ahí transformar nuestra visión y nuestra actitud ante la vida.

Cerca de mi casa, en una esquina, una mujer ciega vende boletos para una rifa. Con frecuencia le compro alguno para apoyar su causa. Es claro que su vida no es fácil, sin embargo, su actitud me impresiona positivamente y me contagia, ya que siempre sonríe y está de buen humor. Un día en temporada de lluvias pasaba por ahí y ella me preguntó:

—¿Verdad que ayer estaba lloviendo?

—¡Sí, claro! —le contesté (el día anterior había llovido con fuerza).

—¡Claro que no! —su respuesta de pronto me sorprendió.

—¿Cómo de que no? —dije yo.

—¡Noooo, no estaba yo-viendo! —replicó ella y se soltó a reír.

No me quedó más que reír con ella. ¡Qué diferencia de actitud entre la persona del banco y la de la mujer ciega! El empleado del banco tendrá mejor situación económica y sus cinco sentidos funcionando, pero quien **Vive + Libre** y más feliz es la mujer invidente, ya que busca hacer todo con buena actitud y, por ende, entrega lo mejor de sí.

Con estas historias quiero exhortarte a que siempre entregues al mundo lo mejor de ti, a que decidas ver lo positivo que tienes y trates de proyectar cada día tu mejor cara, tu mejor humor, tu lado más amable, cariñoso y respetuoso. Lo puedes lograr si pones en práctica lo que en este libro has aprendido. Ya posees elementos de autoconocimiento que te permitirán, sin lugar a dudas, extraer todo lo mejor que hay en ti.

6. HOY DECIDO SER SALUDABLE

Con cierta frecuencia me enteró por la televisión, por las redes sociales y por medio de personas conocidas de historias de individuos que acaban con su salud por no tener hábitos saludables en cuanto a su alimentación, a sus emociones y pensamientos. Mente, emociones y físico son aspectos en los que debemos llevar una vida saludable. En definitiva nos proporcionará una existencia mucho más ligera, alegre y libre.

La sociedad actual nos pone al alcance demasiadas tentaciones y antojos que no hacen más que alejarnos de una vida saludable. Si hablamos de alimentación, lo que más se nos ofrece es comida rápida, sin los nutrientes necesarios para tener salud física. El sedentarismo provocado por el tipo de trabajo que realizamos, más la televisión y los teléfonos celulares son elementos que nos mantienen distraídos y hacen que se nos olvide ejercitarnos. Incluso el argumento de que estamos cansados de trabajar, o de que no tenemos tiempo son impedimentos para ejercitar nuestro cuerpo. Hay tantas personas que, al paso de los años, hubieran querido ejercitarse para no padecer las enfermedades, dolores o incomodidades físicas que sufren por no haberlo hecho en su momento.

En lo mental y emocional estamos invadidos por demasiada información basura. Esto sólo nos llena de ideas, pensamientos y emociones negativas que nos mantienen en estados de tristeza, ansiedad y depresión. Estos estados nos conducen a vivir de forma automática, sin encontrar sentido a lo que hacemos, olvidando nuestro verdadero poder.

Las siguientes son seis recomendaciones para llevar una vida más saludable:

1. Acércate a quien pueda asesorarte sobre una alimentación sana para tener buena salud.
2. Crea el hábito de ejercitar tu cuerpo en la medida de tus posibilidades y capacidades. Define una rutina y disciplínate.
3. Hazte el propósito de leer de cuatro a seis libros al año, por lo menos. Que sean lecturas que te ayuden a crecer, a ser mejor y a brillar con luz propia.

4. Cuida mucho lo que escuchas y lo que ves en redes sociales, televisión, radio y canales de música. Trata de buscar contenidos que nutran tus emociones, tus pensamientos y tus sentimientos de manera positiva y creativa.
5. Sé selectivo en cuanto a las personas con las que convives, que sean una influencia positiva para ti, que sean personas con las que puedas aprender, crecer y mejorar.
6. Y, por último, acércate a la oración, vuélvela parte de tus mañanas y tus noches. Orar enaltece el alma y genera sensaciones de bienestar, alegría y gozo. Esta acción te permitirá vivir de manera más ligera y compartir con los demás lo mejor de ti.

7. HOY DECIDO HACERME RESPONSABLE DE MI VIDA

Una tía que falleció hace ya algunos años solía quejarse diario por cualquier cosa. Nada le parecía bien, todo le pasaba a ella y curiosamente afirmaba que lo que le tocaba padecer, sus penas y desgracias, eran por culpa de los demás. Con tristeza acepto que fue doloroso verla vivir sus últimos meses enferma, llena de rencores, enojos y rechazo constante. Por momentos pude ver hasta odio en sus ojos. Su sufrimiento, causado por sentirse víctima de las circunstancias y de las personas, la llevó a enfermar su mente, su corazón y su cuerpo. La condujo a la muerte siendo relativamente joven, pero sobre todo a una muerte de ilusiones, de esperanza y de sueños. Haber sido testigo de esto me hizo reflexionar sobre hacerme responsable de mi vida.

Es importante que relacionemos el concepto "responsable" con algo constructivo. En general, lo relacionamos con algo que cuesta trabajo, mucho esfuerzo y sacrificios. En realidad, *la responsabilidad tiene que ver con el poder,* tener el poder sobre tu vida, el poder de construir la realidad que elijas para ti, el poder de transformar las circunstancias y hacer que el viento sople a tu favor. Debemos dejar de estar a la espera de que otros nos resuelvan la vida, que se encarguen de nuestros problemas o de cumplir nuestras expectativas.

Hacerte responsable de tu vida es **Vivir + Libre**, ya que tú eres quien marca la pauta de tu existencia, el creador de tus realidades, el constructor de tus sueños. Ser responsable es dejar de esperar y ponerte en acción para crecer desde tu fuerza interna. Es tomar las riendas y saber que estás dotado con todo lo que necesitas para vivir con alegría y con esa capacidad de plasmar lo que quieres. Deja atrás la creencia de que construirás tu vida según se presenten las situaciones. Cambia esa creencia por la de ser el dueño de tus decisiones y hacerte responsable de las consecuencias de éstas. Siempre busca aprender, crecer y evolucionar con todo lo que te toque vivir. No le dejes al destino el control de tu vida, ya que el destino en realidad es el resultado de tus decisiones conscientes o inconscientes. Cada decisión hecha o dejada de hacer siembra la semilla del futuro, de tu destino. Así que, es momento de tomar el control y poner en marcha tu propio poder y experimentar la libertad de ser responsable de tu vida.

8. HOY DECIDO AMARME Y RESPETARME

Cuando sientes amor verdadero por alguien, lo único que quieres para esa persona es lo mejor; buscas hacerla sentir bien, no hacerle daño y respetarla. Cuando mis hermanos y yo éramos niños, mis papás se mudaron de la Ciudad de México a Guadalajara, donde vive la mayoría de la familia tanto de parte de mi mamá como de mi papá. Por una corta temporada, en lo que mi papá terminaba de construir la casa, vivimos en casa de mis abuelos paternos. Recuerdo mucho a mi abuela. Todas las mañanas salía temprano a despedirnos cuando nos llevaban a la escuela. Nos daba la bendición a todos, incluso ya cuando íbamos en el auto me gustaba voltear hacia atrás y ver que mi abuelita seguía parada en la puerta enviándonos sus buenas intenciones. Esa imagen quedó grabada para siempre en mi mente y en mi corazón. Ella lo hacía por todo el amor que nos tenía. Incluso sentíamos que sus deseos hacia nosotros siempre eran los mejores, puesto que sólo buscaba el bienestar de todos.

Es complicado sentir amor propio cuando no tienes claro quién eres, cuando conoces poco de ti, cuando no sabes a dónde vas y no tienes claros tus valores ni tus principios. En ese escenario es poco probable que te des el valor que realmente tienes. Por eso es tan difícil respetarnos a nosotros mismos. Al saber poco sobre nosotros no somos capaces de reconocernos; en verdad se vuelve complicado sentir amor propio y, por lo tanto, respetarnos. En todo caso, ¿qué es lo que debemos respetar de nosotros mismos?

Amarte y respetarte está relacionado con saber que eres una persona valiosa, que no debes permitirte vivir al "ahí se va", que no debes permitir que otros te hagan menos, que te agredan, que te manipulen y mucho menos que definan si vales o no. Por eso es tan importante tener claro, como lo mencionamos en un capítulo anterior, cuáles son tus valores, tus cuatro pilares. ¿Quién permitiría que dañen o que le falten al respeto a la persona que más ama? ¡Te aseguro que nadie! Entonces, ¿por qué lo permites contigo mismo?

Amarte es cuidar tu salud y tus emociones, es construir una vida alegre llena de cosas buenas, es cuidar lo que dejas entrar a tu corazón y a tu mente. Amarte es exigir respeto hacia ti porque tú lo vales; es no fallar a tus creencias y convicciones. Por lo tanto, decide empezar a amarte y respetarte, y ya verás que te sentirás más libre y más dueño de tu vida.

9. HOY DECIDO SER ABUNDANTE

El tema del merecimiento es algo que debemos trabajar constantemente. En dos ocasiones, a lo largo de mi vida profesional, he tenido quiebras económicas importantes. Es curioso que pasará después de haber dejado de trabajar en empresas donde me iba muy bien profesional y económicamente. Todo marchaba bien, entonces me aventuré a emprender y en apariencia todo caminaba viento en popa. Pero en ambas ocasiones tomé decisiones equivocadas que me llevaron a terminar con deudas y metido en algunos problemas de los cuales me costó trabajo salir.

Con base en estas experiencias, me di cuenta de que tenía la creencia de que la abundancia no era para mí, que era cosa de "suertudos", de gente que "nacía con estrella" o que tenía alguna especie de "destino" que le permitía vivir con abundancia. Parte de mi creencia consideraba que la abundancia tenía que ver con los logros materiales y la cantidad de posesiones. ¡Pero no!, en realidad mi enfoque estaba equivocado al esperar que la abundancia llegara de afuera y por alguna especie de designio divino.

La abundancia no es un resultado, es un principio, es una actitud ante la vida. Tiene que ver con una mentalidad positiva y ganadora. Cuando digas "hoy decido ser abundante" tiene que resonar desde tu alma y tu corazón para que se encienda la convicción y experimentes la vida, mientras valoras la abundancia que ya tienes y que ya eres. Eres abundante por el simple hecho de estar vivo, de tener el poder de ser y de trascender. Eres abundante porque tienes emociones, porque tienes mente y espíritu. Eres abundante porque has sido creado desde la abundancia infinita de Dios y del universo.

Pero ¿cómo convertir en abundancia la vida cotidiana y su aspecto material también? Comienza por saberte merecedor de lo bueno y lo mejor, comienza aceptando que Dios desea lo mejor para ti, y que sólo necesita que tú lo creas y lo empieces a vivir. Agradecer genera abundancia. Dar y compartir genera abundancia. Tener claridad en tus metas y sueños, y ponerte en marcha favorece la abundancia. Sonreír y ver lo positivo en todo es vivir en abundancia. Por eso te pido que declares en este momento "HOY DECIDO SER ABUNDANTE". Piénsalo, dilo, escríbelo y vívelo. Deja atrás los pensamientos de carencia y enciende la luz que abrirá los caminos de la abundancia.

10. HOY DECIDO VIVIR + LIBRE

Con todos los elementos explicados en este libro, lo único que finalmente puedo pedirte es que te atrevas a **Vivir + Libre**, a ser más tú y a disfrutar la vida como nunca antes. De igual manera, suelta aquello que te ha atado durante años y que te ha traído tristeza, ansiedad, confusión o la sensación de no poder crecer y ser mejor. Ha llegado el momento de que entiendas que tu presente y tu futuro dependen de la decisión que tomes hoy, y ésa debe ser apostar por una vida más libre.

Deseo con todo mi corazón que el recorrido por estas páginas te ayude a transformar tus creencias y pensamientos. Que pongas en práctica los conceptos e ideas escritos y logres aquello que te mereces. Desde el alma, mi mayor deseo para ti es:

VIVE + LIBRE

Vive + libre de Iván Martz
se terminó de imprimir en febrero de 2020
en los talleres de
Litográfica Ingramex, S.A. de C.V.
Centeno 162-1, Col. Granjas Esmeralda, C.P. 09810,
Ciudad de México.